U0003197

安心成家！

教你預售、新屋、老屋看屋眉角，
挑對好房裝潢更省錢

# 買屋裝修200QA

漂亮家居編輯部 著

# Content 目錄

## Chapter 1 看屋階段

### Step 1 看屋前的自身評估



### Step 2 看屋前先搞懂土地



### Step 3 看對細節少花裝修錢



### 預售屋怎麼看

## Chapter 2 看屋階段

### Step 1 買房議到好價錢



### Step 2 緊盯購屋合約不馬虎

# Chapter 3 裝修階段

## Step 1 尋求合適的裝潢途徑

## Step 3 簽約時該注意什麼？

## Step 4 有效談圖規劃空間



## Step 5 用低預算獲得高質感

## Step 6 監工施工驗收



## 附錄

# Chapter 1

# 看屋階段

台灣房市炒得火熱，根據報導四都房價甚至破歷史新高，房地產市場景氣攀升，許多首購族進場。而買屋購屋對大眾來說是終生大事，畢竟一間房子動輒數百萬、上千萬元，又要揹負20～30年的房貸壓力，如果買到錯的房子更讓人傷透腦筋。先從看屋開始爲買房做準備吧。

# STEP 1 看屋前的自身評估

## Q1 對於看屋沒概念的人，可以利用哪些管道先做功課？

**A 各大房屋網站＋不動產資訊平台，多管齊下補強概念。**

對許多人而言，買房是人生大事之一，甚至有些人一生中也許只會有一次的購屋經驗，因此多方面收集資訊、清楚目標區域的房市交易情況，不但能幫助自己在看屋找房過程更順利、有效率，也能避免踩雷吃虧。對於第一次看屋買房該注意些什麼？如何預先做好功課？建議可以借助便捷的網路科技平台，從各大房屋仲介網站開始了解買屋流程、線上看屋，如591、樂居網、信義房屋、永慶房屋網站等；另外，內政部網站的「不動產資訊平台」，能透過實價登錄資料來了解各區域、各年度的房價交易變化，還可以看到政府推出的各項住宅補助方案。而除了網站資訊之外，向有房地產交易經驗的親朋好友們討教，或進一步找信任的房屋仲介直接看屋，累積實戰經驗，從各種不同角度來強化自己對房屋市場的了解。

多方面收集資訊、清楚目標區域的房市交易情況，了解房市。

## Q2 如何培養房價行情的敏銳度？

**安心成家小叮嚀**

**了解不同房屋類型**

透過投入看屋流程、多跟身處第一線的房仲人員交流，能更直接感受房價變化趨勢。越全面性的觀察角度，越能累積自己對於整體房價行情走向的敏銳度。

## A 個體與總體，留心各面向的數據指標。

影響房價行情波動的因素很多，包括供需面、經濟面、政策面、產業面等等。大環境的經濟榮枯、政府房屋政策或是各項公共建設、交通建設的興建等等，都會讓整體或區域的房價行情產生變化。那麼該如何訓練、培養自己對整體房市的敏銳度呢？建議可透過不同數據、指標來觀察切入。

如上述所提到過的「實價登錄」資料，由於實價登錄讓房市交易更透明化，可以從中了解房屋案件的眞實成交價變化；另外，一些經濟指標，也能幫助了解目前景氣風向球對於房市的影響，譬如貸款利率的調升調降，會對房市需求熱度產生直接性的影響；或者觀察一些房市相關的概念股，如鋼鐵類股的漲跌，也可能影響建商調整售價決策。多多留意各類訊息，大至國際新聞的世界局勢觀察，小至在地新聞如公園規劃、百貨進駐等等，以及政策公布如重劃區、交通規劃、捷運設站、鐵路高架化等等公共建設議題，都會影響各區域房價波動。

除了上述一些總體經濟與環境訊息指標之外，透過投入看屋流程、多跟身處第一線的房仲人員交流，能更直接感受房價變化趨勢。另外，建議看屋時也可針對不同的房屋類型、產品別等多加了解，譬如目前雖然鎖定的是套房類型，但也可以同步留意2～3房數屋型，或目前雖然看的產品別是公寓，但也可以留意社區類型或去預售屋接待中心走走、看看新建案。越全面性的觀察角度，越能累積自己對於整體房價行情走向的敏銳度。

對於不同「需求」的屋主而言，毛胚屋、標配屋、實品屋在裝修上各有不同優缺點。

## Q3 毛胚屋、標配屋、實品屋的差異？哪一種類型的裝潢費較低？

**A 房屋裝修的「素顏」與「完妝」，裝潢費高低取決於屋主需求。**

所謂的「毛胚屋」，又可以稱爲粗胚屋，是指房屋完成整體結構與灌漿，但不論是外牆或室內牆體都還是水泥狀態、未進入裝修階段，也沒有廚具、衛浴等等，甚至有的連門窗也未裝設；「標配屋」則是指已有基礎的簡單配置，如隔間、壁面油漆、天花板、地坪鋪設等等，也有水電、廚房櫥櫃、衛浴，但並沒有設計裝潢或其他傢具設備；「實品屋」則是除了前述的配置之外，連同櫃體、傢具、室內裝潢等等全都一應俱全。

這三種類型的房屋依照工程裝修進度來看，就如同素顏到完妝的差異。但若要評比裝潢費孰高孰低？則並沒有標準答案，因爲對於不同「需求」的屋主而言，毛胚屋、標配屋、實品屋在裝修上各有不同優缺點。

一般建案的標配屋在大量採購下，享有壓低建材成本的優勢，因此毛胚屋在退掉建材之後雖然可以在房價上獲得部分補貼，但未來必須自己叫料，整體的成本花費可能會更高，不過對於有設計風格規劃想法的屋主而言，反而可以省下一筆拆除費與清運費，也能避免重複施工的浪費。實品屋則是建商裝潢完成、作爲展示之用，對於希望擁有風格美型居家，但同時又想省下裝潢的施工時間、監工人力成本的人而言，的確是個便捷的購屋選項，只是羊毛出在羊身上，實品屋的裝修費多半會轉嫁在房價中，而且也需思考清楚，這些「送的裝潢」是否符合自身實際需求。

不論是外牆或室內牆體都還是水泥狀態、未進入裝修階段，也沒有廚具、衛浴等等，甚至有的連門窗也未裝設，稱爲毛胚屋。圖片提供＿日作空間設計

## Q4 如何試算購屋能力？以及推算每個月償還貸款的金額？

### A 善用貸款攤還速算表資料。

看屋時，房屋仲介一般都會提供銀行貸款攤還的速算表資料；或者也可以自行從各家房仲網站中找到試算功能的網頁，輸入貸款金額、自備款金額、銀行貸款利率、預計的貸款年限（本息平均攤還時間，一般系統預設以貸款年限20年計算，也可自行改成30年或計畫年限），最後便可推估出未來每月須償還多少貸款費用。

另外，也可輸入個人或家庭的月收入，再輸入利率、貸款年限、自備款金額，最後便能推估出符合目前個人經濟條件的購屋預算。

至於銀行貸款利率與成數爲多少，則因人而異，銀行會考量申請人的收入與信用（如職業、月收入、被動收入、資產與銀行往來的信用紀錄等），以及物件條件的轉手性與抗跌性（譬如物件所在位置是否位於較好脫手的捷運周邊、物件本身的用途是透天或工廠、物件的使用分區是建地或農地等等），從中請人的經濟條件、物件情況綜合評比，最後確認出貸款利率與成數。

老屋相較於新成屋與預售屋，缺點是屋齡較爲老舊，所需預留的修繕費用較高，但優點是價格和公設比也相對較低。圖片提供＿日作空間設計

## Q5 除了房價考量之外，買預售屋、新成屋，還是中古屋，各自的優缺點是什麼？

### A 裝潢修繕與頭期付款壓力的不同。

「預售屋」是在尚未建造完成的階段購入，優點是購屋者可以按照自己的規劃進行「客變」，自行安排格局隔間、設備建材等等；另外，預售屋在前期只要準備一小筆定金，而且依施工進度繳交頭期款，在繳款與調度資金的壓力較小。但預售屋也有其缺點，譬如等待工期較長，未來建造完成後的施工品質、外在環境可能不如預期；或是建造過程中工料漲價，導致建商無力支付而倒閉，買家面臨求助無門的窘境，這些都讓預售屋存在一定的「不確定性」風險。

至於「新成屋」與「中古屋」，其差異在於屋齡、是否曾經有人入住。新成屋與中古屋的優點都是可以實際看到房屋本身的格局、建材、屋況、公設、景觀等等，所有條件一目了然，也可以馬上入住、不用熬過預售屋的漫漫工程與不確定性，但缺點是在資金上都需要準備全額的頭期款，加上如果有更改裝潢設計的需求，還要多花一筆重新拆除的額外支出。另外，新成屋有些是預售時期尚未售出的案件，在樓層方位的挑選上不如預售屋的選擇多元，如果是投資客轉售，在開價上可能也會比預售時期稍高一些。

「中古屋」相較於新成屋與預售屋，缺點是屋齡較爲老舊，所需預留的修繕費用較高，但優點是價格和公設比也相對較低，加上社區運作已成形可看出管理優劣，也能篩選鄰居素質，對於未來居住品質較能掌握。

## Q6 買房該選擇房仲還是自售屋主，各自的優缺點爲何？

**A 考量省時省錢與交易安全，切勿爲了省小而失大。**

合法、合格的房屋仲介，爲第三方專業人士，對買家而言，其優點是有專人聯絡、服務流程有一定的SOP（從看屋、買屋，到成交後的交屋，仲介會提醒並確保流程的運作）、房屋相關資訊提供完整、收費透明，最重要的是交易安全性的保障，譬如成交部分的履約保證；但缺點是，由第三方居中協調會比直接面對屋主而言，在成交時間上可能會拉長一些，另外也需給付仲介費用。

屋主自售的優缺點則與委託仲介相反，與屋主直接面對面可以馬上談價格、確定價格後可以馬上簽約，能節省洽談時間成本與仲介費用；但缺點是，不會提供不動產說明書供查閱，也不能確定是否存有交易安全上的疑慮（譬如無法確認產權是否清楚，有無被查封、假扣押或一屋數賣；還有屋主對於屋況查檢是否徹底或是有所隱瞞；交易是否有履保專戶可確保驗屋完成後再撥款等）。買屋透過房屋仲介或屋主自售各有優缺，但注意切勿爲了省小而失大。

## Q7 想換屋的話，如果自備款項不足，有什麼建議方式嗎？

**A 「先賣後買」的換屋流程，或以舊屋增貸。**

許多人因爲家庭成員數增加使得原居住空間不足而有換屋需求，或學區考量與工作異動需要搬家，或是希望有更好的居住品質而尋求換屋，這些不同因素的換屋期待，卻有可能卡在相同的資金環節上。資金不足狀況之下，除了傳統的親友借貸、保單借款、銀行信貸等等，有部分的人也會透過出售原有的房屋籌措換屋資金。

只是「先買後賣」、還是「先賣後買」的換屋流程哪個比較好呢？若沒有頭期款資金上的壓力，「先買後賣」的換屋方式，可以在換屋銜接期中免去另外租屋與多次搬家費用的支出，甚至在重疊期中還可以將舊屋出租，多了一筆租金收入；但若自備款還沒有存夠，「先賣後買」的換屋流程，或用舊屋向銀行增貸，都能有效解決頭期款資金籌措的壓力。不論上述哪一種方法，由於政府爲了推行「健全房地產市場方案」，針對第三房以上的貸款頒布限縮條件，在換屋時要特別留意銀行貸款成數的限制。

許多人希望有更好的居住品質而尋求換屋。圖片提供＿日作空間設計

## Q8 看屋時，該如何從各項條件來確認房屋標的是否適合自己？

**A 生活型態、地緣性與未來增值性的多項評估。**

房屋標的不一定要是「最好」，但必須「最適合」自己，才能住得舒服，在未來需要換屋轉手時，也能確保投資增值。攝影 _Jessie

「買房」的費用動輒數百萬甚至高達數千萬，對於多數人而言，是一生中最大的一筆投資支出，不可不慎。看屋時，該如何確認房屋標的是否適合自己，建議可從以下面向來考量分析：

**1.評估個人條件與生活型態：**譬如房間數量與空間大小是否足夠家庭成員居住、是否有停車位需求、房屋位置是否適合自己的職業與作息習慣（譬如若是上大夜班，就需要找白天較爲安靜的區域才能好好休息）、自己的收入與還款能力是否能負擔該房價。

**2.評估地緣性：**房屋距離工作位置的交通時間、子女未來學區考量、是否與長輩親友鄰近（譬如有長輩需就近照顧）、平時是否需要依靠大眾交通工具（不論是自己上班或接送小孩）、該區的生活機能是否能滿足自己與家人的需求。

**3.評估未來增值性或轉手難易：**房屋周邊環境設施，對於房屋未來的增值空間影響（譬如金融購物中心、休閒綠地公園等等）；社區大樓是否有良好的物業管理、住戶素質考量；周邊是否有嫌惡設施鄰近，影響生活品質（譬如高壓電、經常舉辦活動而產生噪音的信仰組織）；是否是信用良好、品質具口碑的建築公司出品。

以上綜合評估，房屋標的不一定要是「最好」，但必須「最適合」自己，才能住得舒服，在未來需要換屋轉手時，也能確保投資增值。

# STEP 2 看屋前先搞懂土地

## Q9 買了房子之後才發現建案所在土地是都市計畫使用分區內的旅館區，這樣會有什麼問題嗎？

### A 購買「旅店宅」，小心誤觸假住宅的地雷！

在買房前，務必要先查清楚該區域的使用分類，有些建商會在旅館分區內蓋住宅大樓，並且刻意隱瞞其中的風險，而這類型的建案居多售價會比一般正常住宅來的便宜，不過若是民衆購買來當住宅使用，便等同於違反了建築法與都市計畫法！此外，由於在都市計畫法中，被設定爲旅館區的土地使用項目僅開放「供旅館其及附屬設施及觀光主管機關同意之設施。」因此也難以避免周邊住戶將這類住宅用以經營民宿或日租套房，對於居住品質與單純性難免造成疑慮。另一方面，由於「旅店宅」屬於違法屋舍，因此若未來想要轉手售出，也有可能會遭遇複雜的法律性問題，甚至在價格上被大幅砍價，導致轉手困難。

**安心成家小叮嚀**

**查明所在分區再購賣**

爲了避免購入可能觸法或者難以轉手的房屋，事先查明其所在分區是極其重要的，萬勿落入不肖建商的陷阱。

## Q10 什麼是土地使用分區？如何查詢？

### A 縣市賦予土地的最佳用途，上網就能查詢！

在土地登記謄本上都會標註該地的使用分區，或者也可以上「全國土地使用分區資料查詢系統」網站查詢。

地方政府在做都市規劃時，都會賦予每一塊土地最合適的用途，此種分類方式便是「土地使用分區」。例如：考量到營業的便利性，通常會將馬路旁的區域劃分爲商業區，而通常在住宅區的周邊，會規劃一片綠地作爲公園用地……等。因此無論是建商或者自地自建，都需要辦明土地使用分區，才不會落得違規受罰的下場。

除了常見的住宅區與商業區外，各縣市也會依照不同的需求來制定分區型態，像是增設行政區、文教區、風景區……等。而即使同爲住宅區，也都會有各自的容積率與建蔽率限制。在購買土地與房子之前，都要事先查明這些資料，若想了解該地的土地使用分區，除了可以拿出土地登記謄本查看以外，也可以上「全國土地使用分區資料查詢系統」網站查詢。

## Q11 乙種工業住宅一定不能買嗎？

**A 工業宅與一般住宅難以分辨，隱藏風險需考量。**

過去的工業用地與住宅區分野較爲分明，隨著都市的開發，用地愈發緊縮，如今工業用地多緊鄰住宅區，因此經常使買房者難以辨明土地用途。最基本的判定方式，就是查詢建案基地的土地使用分區，工業宅建物謄本與使用執照的用途，通常會登記爲「一般事務所」、「零售業」、「辦公室」、「技術服務業」……等。購買工業宅有其風險，而其不在於一般的市場條件，而是有著違反政府法令的疑慮，若政府有心根絕違章建築，對於買房者來說會是一大損失。

**安心成家小叮嚀**

**工業宅加裝潢費並未較便宜**

新建的工業宅爲了規避責任，通常會以毛胚交屋，因此購買者得付出更多的成本進行裝潢，整體核算下來，成本其實與購買一般住宅相差無幾。

## Q12 想買非住宅區（工業住宅）的房子該注意什麼？

**A 貸款條件較差，稅率較一般住宅高。**

近幾年建商在銷售工業區建案時，開始會明確標示其土地使用分區爲工業區，銷售人員也會暗示買方可以作爲「住辦混合」使用，進而在簽約時要求買方簽立切結書，將責任歸屬於買方，也意味著將風險完全轉嫁給買方。除此之外，購買工業宅也會使貸款的條件較差，由於其價值較低，因此貸款成數通常僅有6成左右。對於增值性來說也相對不佳，由於周圍可能有工廠環繞，轉手顯得較爲困難。雖然工業宅仍可設立戶籍，並申請自住用稅率，但也隨時會有調整成營業用稅率的風險。

## Q13 聽說有的土地不能蓋房子，要如何確認土地是否可以蓋房子呢？

**A 可以調閱土地的地籍謄本，確認「使用分區」和「使用地類別」是否可以蓋房。**

地籍謄本上標示建或農的「地目」（土地的可使用用途），是最簡單的判別依據。所謂的「地目」乃是日治時期留下來的分類，但最好還是看「使用分區」與「使用地類別」這兩個欄位，判斷會更精準。一般的土地使用分區，會依照「都市計畫區」和「非都市計畫區」而有所差別。若以能夠蓋住宅來說：

買房者想了解土地使用種類，還是必須透過地籍謄本進行確認。攝影 _Jessie

提醒買房者萬不可輕忽土地使用分區，若有違反將影響到土地稅率以及銀行申貸成數。

**1.都市計畫區內：**「住宅區」、「商業區」可蓋一般住宅，「農業區」則可興建農舍。

**2.非都市計畫區：**若標示爲農業區或保護區者，即屬農業用地。若農地的土地騰本，使用地類別的欄位爲空白，很可能是被劃入都市計畫區，可向都市計畫課查詢預設的用途。其中「使用地類別」若爲「甲、乙、丙種建築用地」可直接興建住宅；「農業用地」和「林業用地」一般來說可興建農舍，但還是要依照其縣市的都市計畫規定，能否蓋農舍也未必可知。

## Q14 地籍謄本中除土地使用分區，還有「地目」，這對買房有影響嗎？

**A 「地目」正式進入歷史，以土地使用分區爲準。**

過去若想了解土地詳細資料，便得參考土地地目才能準確獲知，所謂的「地目」最早源自於日據時代，依照當時土地使用狀況編定，並據此建立土地課稅標準。不過地目已於二〇一七年（民國106年）正式廢除，土地使用資料回歸都市計畫範疇。如今若買房者想了解土地使用種類，還是必須透過地籍謄本進行確認，假若使用分區與用地類別爲空白，便可初步判定其爲都市用地，若爲非都市用地則會直接顯示爲農、牧、林等用地。倘若要變更土地使用目的，也必須依照使用分區可容許的項目範圍，申請變更都市計畫或者變更土地編定的作業，而非申請地目變更。

## Q15 如何判斷建物土地是否位於土壤液化區？

**A 熟知土壤液化易發地點，觀察周邊屋舍狀況。**

土壤液化容易發生於鬆軟的砂質地層，或者具有高地下水位之處，在正常情況下，土壤間的孔隙會被水分填滿，呈現穩定狀態，但是當地震來襲，劇烈的搖晃很可能會破壞水與土壤的平衡，導致水與砂土浮現，稱之爲噴砂，會使房屋不均勻下陷。

此種情況多發於河岸或者海岸沖積地形，因此在買房買地之前，應先對於該地的地形做充分的了解，也可上「國家災害防救科技中心災害潛勢地圖網站」了解周邊地質，並查詢過去是否有相關災害紀錄。另外，也可上「中央地質調查所」網站查詢該地土壤液化的潛在風險，都能有效避免購買到位於土壤液化區的房屋。

## Q16 在「土地重劃區」買房好嗎？

**A 充分了解周邊土地用途，考量生活機能是否充備。**

在重劃區內居多會充斥著新建案，也會有許多新的設備規劃，由於處於開發階段，房價也相對親民，對於首購族來說十分具有吸引力。不過重劃區在尚未發展成熟之前，大多會需要經過一段交通黑暗期，以及生活機能較爲不足的情況，因此若想要購買重劃區內的房屋，會建議挑選

## 教你查詢土石流潛勢地區

❶ 進入土石流防災資訊網（246.swcb.gov.tw）

❷ 點選「土石流潛勢溪流」→「地址查詢」→「定位」，就能查到附近是否有土石流的潛在危險。

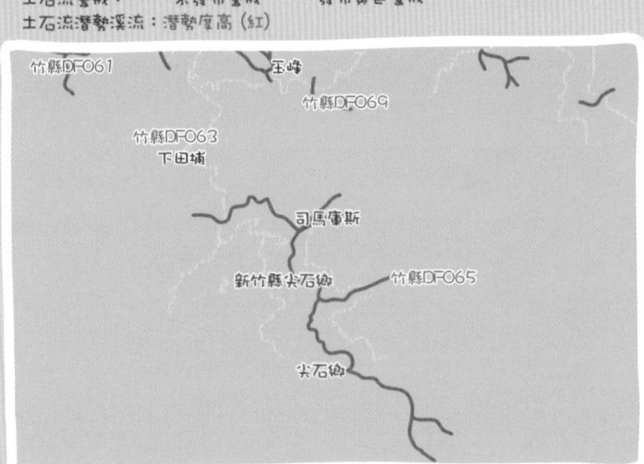


❸ 顯示所在地區的土石流潛勢溪流

鄰近舊市區的區段，由此滿足生活機能上的需求，也不會因爲燈率不足而顯得過於空蕩。

此外，當大批建商同時開發時，會吸引投資客的注意，此時極有可能產生哄抬房價的情形，導致購房成本過高難以負荷。充分了解重劃區內的土地使用項目也極其重要，檢視周邊是否有興蓋工廠或者廟宇的可能，爲自身的生活品質做好把關。購買重劃區內的房屋，必須先做好長期抗戰的心理準備，因爲一個區域的機能要能發展成熟，通常會需要經歷5～10年的時間。可以在購買前先用下表檢視交通便利性。

**安心成家小叮嚀**

**避免跟風買房**

當大批建商同時開發時，會吸引投資客的注意，此時極有可能產生哄抬房價的情形，導致購房成本過高難以負荷，反而買到超出實際房價的房屋，必須小心謹慎。

| 項目 | 內容 | 備註 |
|---|---|---|
| **交通時間** | 步行 ____ 分鐘<br>腳踏車 ____ 分鐘<br>公車 ____ 分鐘<br>捷運 ____ 分鐘<br>火車 ____ 分鐘<br>自行開車 ____ 分鐘 | 在買地時可實際查看，或是詢問仲介相關交通狀況。 |
| **班車時刻** | 早班 ____ 點 ____ 分<br>末班 ____ 點 ____ 分 | 有些地區的大衆運輸班次較少，在購買前要確認清楚。 |
| **交通費** | 來回 ________ 元／月 | |

若欲購買新成屋，則可向建商要求檢閱「建照」，確認該區域房屋的建物使用用途。攝影_Jessie

## Q17 「商業用地」可以用來做住宅嗎？

**A 檢視建物用途爲原則，小心掉入使用分區迷思。**

商業用地爲土地使用分區的其中一種分類，但若想釐清該房屋是否可作爲住宅使用，還是必須檢視「建物用途」。在商業區內居多會劃分兩種房屋用途，部分可作爲「住家用」，部分則作爲「一般事務所」使用，區分的標準各有不同，有些會依照不同的建築棟別區分，或者按照樓層劃分，通常中低樓層會被歸類爲商業用途。建商在銷售時也會按照用途來定價，商業用途的房屋價格較低，但通常會以毛胚的狀態交屋，導致屋主需要耗費大量的成本進行裝潢。若想保障自我權益，不妨在購買新成屋或中古屋之前，先要求檢視「使照」或「建物謄本」，如其中有提及「住家用」或「集合住宅」，則可放心購買。

# STEP 3 看對細節少花裝修錢

## Q18 該如何透過房仲的協助，找到最適合自己的房屋？

**A 需求、預算列得越清楚，找屋越迅速。**

評估完個人的經濟能力與生活型態之後，可以大概鎖定合適的房屋類型與區域範圍，此時該如何從茫茫房市屋海中找到「這間房子」呢？最快的方式是條列出自身需求、理想中的房屋條件、購屋預算後，請專業的房屋仲介透過系統比對、分析，來篩選出看屋標的。需求、條件、預算，列得越清晰、越聚焦，越能鎖定合適的物件、避免尋屋過程中時間的浪費。但也有可能出現所列的房屋條件與預算無法相符，此時就必須有所取捨，看是提高預算或是放寬條件。

同樣是新成屋費用也會因毛胚或標配而不同。圖片提供＿和瀚室內裝修設計工程有限公司

## Q19 屋齡是否會影響裝修費用？

**A 屋齡不同，增加費用也不同。**

裝修費用通常會隨著屋齡及房屋類型而有所差異：

**1. 新成屋：**已有隔間等基礎裝潢的標準配備屋，建議裝修費用約落在一坪 NT. 4～6萬；室內僅完成天地外牆，其餘都未施作的毛胚屋，建議裝修費用則約落在一坪 NT. 6～8萬。

**2. 中古屋：**在不大動水電工程下，建議裝修費用約落在一坪 NT. 8～10萬，若水電工程也需要納入，則可參考老屋的裝修費用。

**3. 老屋：**大多會需要重整水電管線，工程較爲複雜，建議裝修費用約落在一坪 NT. 12～15萬。

但不管屋齡和類型，如果隔間需要重新拆除變動，或要額外在室內增加電梯、樓梯等其他設備，裝修成本勢必就會再往上疊加。

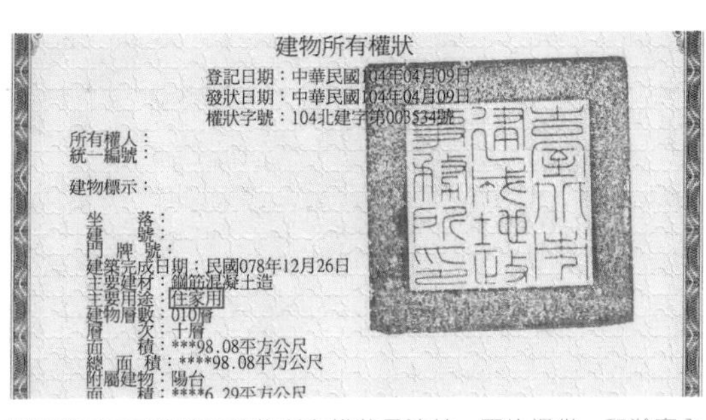
建物所有權狀

登記日期：中華民國104年04月09日
發狀日期：中華民國104年04月09日
權狀字號：104北建字第003534號

所有權人：
統一編號：

建物標示：

坐　　落：
建　　號：
門 牌 號：
建築完成日期：民國078年12月26日
主要建材：鋼筋混凝土造
主要用途：住家用
建物層數：010層
層　　次：十層
面　　積：***98.08平方公尺
總 面 積：****98.08平方公尺
附屬建物：陽台
面　　積：****6.29平方公尺

想知道是不是違建看建物所有權狀最清楚。圖片提供 _ 和瀚室內裝修設計工程有限公司

## Q20 樓中樓、頂加、陽台外推都是違建嗎？

### A 不在權狀內的空間都屬於違建。

判斷是否爲違建的最佳方法，就是看建物權狀上有沒有登記，如果沒有就屬於違建。以台北市爲例，從法規上來看，以一九九五年（民國84年）1月1日爲分界，在此之後產生的違建爲新違建，在此之前則爲既存違建，而已經存在的舊違建依然是列管緩拆的違建並非就地合法，經檢舉還是會依法拆除。換句話說，如果想買的房子原本有不在權狀內的樓中樓、頂加、陽台外推，且是在一九九五年（民國84年）後建蓋的違建，當裝修需申請建築物室內裝修許可證時就必須將違建空間復原，這樣不但沒有買到更多的使用空間，還要多花一筆拆除復原的費用，建議在購買前應慎重考慮。

裝修應符合自身需求及喜好爲主。圖片提供＿和瀚室內裝修設計工程有限公司

## Q21 已裝修好的房子較省裝修費用？還是沒有裝修過的房子較省錢？

**A 以居住需求作爲比較原則。**

有沒有裝修和能不能省錢是因人而異，已經裝修好的房子看似能省下裝修費用和施工時間，但如果風格和隔間等規劃並不是自己喜歡及符合需求的設計，最好不要勉強接受，畢竟是要長期生活居住的家，還是應以自身喜好和居住舒適爲主要考量。再者，附有裝潢的房子多半會將裝修成本及利潤加進房屋售價內，所以就算很滿意原有的裝修也最好不動聲色或表示裝潢並非自己所喜歡，千萬不要在一開始就流露出中意的神情，才可藉此爭取多一點的議價空間。

## Q22 住宅應有的消防安全逃生設備有哪些？

**A 高樓層需具備更多消防安全設備。**

現在的新成屋都會配備一定要安裝的消防安全設備，除了滅火器、消防栓，像是偵煙式火災警報器、超過一定溫度就會啟動的定溫式火災警報器和瓦斯偵測器，也是必備設備。此外，由於大多數消防雲梯車可到達的高度約爲9～10層樓高，因此根據《消防法》規定，11樓以上的樓層還必須設置消防灑水頭，若不幸發生火災意外，可以在第一時間灑水抑止火勢。

如果想要購買老屋，消防安全設備更不能輕忽，早期許多老建物並沒有配備消防安全相關的設備，或是年久失修也沒有定期檢測，建議在重新裝修時應該要將消防安全列入預算內，平時也要加強相關逃生知識，居住才能真正安心。

## Q23 若想買捷運共構宅，需要注意什麼地方嗎？

**A 需考量捷運帶來的優勢與風險。**

很多人看準捷運帶來的便利性與商機，所以想買捷運共構宅，但相對地也會有一些需要承擔的風險。捷運共構宅首先會遇到捷運通過時的噪音和震動問題，建議在決定購買前務必要至現場感受一下是否能接受；再來則是捷運人潮往來衆多，人員進出的嘈雜與複雜程度也相對提高，因此大樓管制的方式及規範是否嚴謹就特別重要，倘若管理制度鬆散隨便，從捷運出來的人都可以進入社區大樓，直接影響居住安全造成人身危險，最好還是另覓更適合的房子較好。

牆壁上的裂痕可判斷房屋是否受到地震影響。

## Q24 台灣地震頻繁，要如何知道房子的耐震力好不好？

**A 看屋時留意牆壁上的裂紋走向。**

想要得知房子的耐震力好不好，第一步可先從屋齡初步判斷，在一九九一年（民國80年）前建蓋的房子幾乎沒有耐震設計與規範，這也是爲什麼老屋在遇到地震時，常發生意外的原因之一，直到二〇〇一年（民國90年）後修定耐震規範，此時期後蓋的房子相對會較爲安全；第二步可觀察牆壁上的裂紋，如果發現房屋外觀、樓梯間或室內有交叉狀的「X」形、橫向的「一」水平形裂縫，或在柱子、柱頭處看到交叉狀裂紋，都表示房子曾經受到地震傷害，需請專業人員進行評估，確保入住安全。

## Q25 房屋有「邊間」與「中間」，該如何選擇適合自己的？

### A 採光通風、粉塵噪音，優缺一體兩面。

邊間房屋的優點是通風採光好，能開窗的面向多，若是高樓層也會有較好的視野景觀；部分公寓大樓的透天邊間，還有額外空間可使用，或可作爲店鋪營業、或作停車之用；位於交通熱點的邊間房屋，在相關主管機關許可前提之下，有的還可收外牆出租的廣告收益。而邊間房屋因爲開窗多、粉塵也相對多，低樓層邊間可能會遇到噪音問題、高樓層則是有風切聲困擾，加上受風面多，如果防水材料品質不夠好或施工不慎，未來容易有漏水壁癌等困擾發生。另外，若是講究風水考量，以台灣建築的密集度來看，邊間房屋也很難避開壁刀屋角等情況。

至於位處中間的房屋，好處是通常每坪單價會較邊間房屋便宜一些，加上開窗較少，粉塵與戶外噪音干擾情況也會減少，打掃起來更輕鬆；但缺點則是通風採光條件，相較於邊間房屋會較差一些，可能只有單面採光或是會有暗房或無開窗房間。此外，與鄰居的共用壁較多、容易互相干擾，若與電梯管道間交鄰，也可能影響未來脫手時的增值幅度。不論是邊間或中間房屋，優缺點通常是一體兩面，端視個人對於各項因素重視程度來挑選。

邊間房的通風採光好，能開窗的面向多。圖片提供＿日作空間設計

## Q26 如何從位置坐向看房屋是否有西曬？

**Ⓐ 善用手機及 Google Map 定位功能。**

通常去看屋時，仲介或屋主可能都會提到這間房子的坐向，若是提供的資訊不太明確，不妨打開手機中的指北針功能，就能馬上知道方位；如果在看屋前就想先了解，或是無法到現場，則可以利用 Google Map 輸入地址，知道大致的方向作爲評估。

不過有西曬的房子並不是不能買，西曬最擔心的問題莫過於屋內悶熱，只要在裝修設計前事先想好對策，像是安裝冷氣時增加噸數、加裝具有隔熱層的隔熱窗，或在條件允許下可在窗戶外加上百葉簾或竹簾，如此一來，西曬房一樣可以是有陽光的明亮好宅。

## Q27 市面上有推出制震、隔震宅該怎麼選？

**Ⓐ 盡量避免購買制震器所在樓層。**

在購買制震宅或隔震宅之前，應該要先了解一下制震和隔震的結構原理。

**1. 制震：**在樑柱之間裝設鋼板，也就是制震壁，像是幫建築物裝上避震器的概念，能吸收地震部分能量，進而降低搖晃的程度。

**2.隔震：**在建築物的結構柱底部裝設可移動的隔震墊，在地表和建築體結構間發揮緩衝作用，就好比在建築物底部裝上滑板，藉由水平移動抵銷上方結構的受力程度。

由於隔震設備的施工難度較高，成本也比制震設備來得貴，隔震宅的總價自然會比制震宅來得高，如果預算上考慮購買制震宅，建議避開挑選制震器所在的樓層，因爲制震壁是裝設於樑柱間，當經歷過多次地震後難免會產生裂痕，若有裂縫就比較容易發生漏水的狀況，需要多花時間、金錢處理。

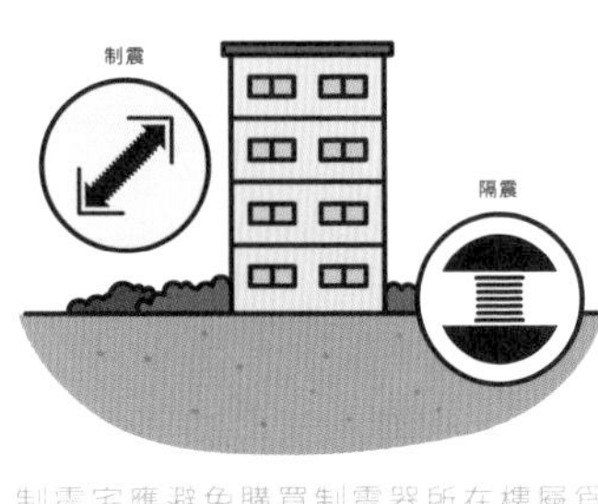


制震宅應避免購買制震器所在樓層爲佳。

## Q28 聽說有中繼水箱的樓層會比較便宜，眞的可以買嗎？

**A 先評估能否接受影響再決定。**

所謂「中繼水箱」，指的是當高層建築物高度每超過60公尺，就應設置中繼幫浦，以便大樓利用兩段式或三段式抽水，先用加壓馬達將水抽至中間樓層的水箱，然後再抽往頂樓的水箱，因此中繼水箱通常是出現在大約16～18樓以上高層建築會有的設施。而在消防法規的規範裡，中繼水箱位於樓高約45公尺的樓層裡，也就是說大約12～14樓會設置中繼水箱，一般除了水箱外，還會有加壓馬達、泵浦、發電機等設備。

可想而知，位在中繼水箱的當層及上下樓層會面臨到容易滲漏水、馬達運轉時發出的噪音及地板震動等影響，因此房價會比其他樓層便宜一點，建議可先評估長期居住下是否能忍受再決定是否要購買爲佳。

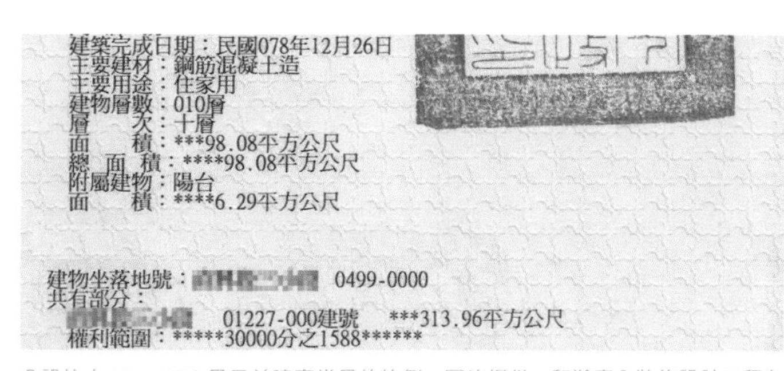
建築完成日期：民國078年12月26日
主要建材：鋼筋混凝土造
主要用途：住家用
建物層數：010層
層　　次：十層
面　　積：***98.08平方公尺
總 面 積：****98.08平方公尺
附屬建物：陽台
面　　積：****6.29平方公尺

建物坐落地號：　　　0499-0000
共有部分：
　　　　　01227-000建號　　***313.96平方公尺
權利範圍：*****30000分之1588******

公設比占30～35%是目前建案常見的比例。圖片提供＿和瀚室內裝修設計工程有限公司

## Q29 預售屋建商說公設比占35%的意思是什麼？

**A 公設有分為「大公」和「小公」。**

在房屋所有權狀上可以找到三個與使用面積相關的項目，分別是：

**1.面積：**慣稱爲主建物，也就是室內實際可使用的坪數。

**2.附屬建物：**花台、陽台、雨遮、露台都屬於此項目。

**3.共有部分：**慣稱爲公設，又分爲大公、小公。

清楚這三個項目的面積後，就能計算出公設比例爲多少，公設比的計算方式：**共有部分÷（面積＋附屬建物＋共有部分）**，目前建案的公設比大約落在30～35％爲常態。

另外，公設又分爲部分大樓住戶共同使用區域的「小公」，例如：各層的電梯、梯廳、樓梯間等；所有住戶共同使用區域的「大公」，例如：健身房、游泳池、一樓電梯、梯廳、大廳及交誼廳等，在計算公設比時都需一併列入。

在看樣品屋時，也別忘了提問現場看到的問題。
攝影_Jessie

## Q30 預售屋的公設模擬圖看起來都很美，實際交屋眞的一定會有嗎？

### A 小心掉入非法公設的陷阱。

預售屋因爲無法看到實際樣貌，只能憑藉建商提供的模擬圖和平面圖作爲參考，而在這些圖面裡有時會隱藏一些看不出來的陷阱，不能不留意。舉例來說，根據台北市土地使用分區管理自治條例規定，建築物總樓地板面積每100平方公尺應設置一輛機車停車位，但在建商模擬圖或平面圖上卻沒有看到機車停車位的位置，這時很有可能是將原本停車位的區域改建爲健身房或交誼廳，成爲了非法公設，建議可以詢問房仲或代銷人員大樓是否有規劃機車位區域，區域位置在哪邊，以確保買到的是合法公設。

## Q31 第一次看預售屋，不知道有哪些NG設計呢？

### A 可從傢具配置圖看出端倪。

在看預售屋之前，可以先蒐集想看的預售屋建案DM，拿到DM後不要馬上被看起來美美的傢具配置圖矇蔽了，仔細研究一下圖面裡有沒有不合理的地方，例如：廚房水槽的擺放位置在廚具轉彎處，這樣好用嗎？臥房衣櫃與床的距離那麼窄，衣櫃門和抽屜好開嗎？床和梳妝桌的距離很靠近，人要經過好走嗎？客廳電視牆的深度很淺，視聽設備好放嗎？這些都是從傢具配

想改預售屋格局記得先詢問建商客變範圍。圖片提供＿和瀚室內裝修設計工程有限公司

置圖中能看出的疑問，如果沒有事前留意提出修改，最後就會照著圖面完工交屋，衍生出的後續問題恐怕會更多、更花錢。

## Q32 如何破解預售屋建商提供的平面圖，才不會購屋後發現房屋實體和預售坪數差異很大？

### A 看樣品屋時要問對問題。

一般來說，建物坪數在合約中都會載明，要發生房屋實體和預售坪數差異很大的機率不高，比較有可能發生的是尺寸誤差值，建議在簽合約前先討論好可以接受的誤差範圍或比例，並明列於合約內容中，保障自身權益。

除了圖面上的尺寸落差，在看樣品屋時也別忘了提問現場看到的問題，像是在樣品屋臥房梳妝台地板上貼出的虛線，就可能是陽台外推的違建，看到虛線會特別的標示一定要先問清楚代表的意義爲何；再來是在樣品屋看到使用的建材和衛浴、廚具設備可能比較高檔，但在合約中僅以「同等級」、「最新款」來表示，或是有些設備並不在附贈範圍內，因此可要求在合約中明列使用的品牌、型號、數量等，以避免日後爭議。

## Q33 如何看懂預售屋平面圖格局配置，藉由客變省下多餘建材費？

**A 選自己喜歡的格局下手。**

如果預售屋規劃的格局配置不是自己想要的，可以先詢問建商能不能更改，能夠客變的範圍到哪裡？不過，由於現在不少預售屋建商聽到要修改格局，都會直接建議業主選擇毛胚屋，自行設計喜歡的空間格局，乍聽之下似乎能省下建材費，但再細想一下，建設公司是退料不退工，材料因為大批採購價格便宜，退的費用自然低於市價，如果再請建商配合的設計公司更改格局，不僅必須付出一筆工錢，材料費用也會增加，這樣算起來不一定有省到錢，最後付出的費用搞不好還更多，倒不如一開始就選擇適合自己的格局下手較划算。

## Q34 該如何從預售屋平面圖看出隱藏的大樑？

**A 從平面圖上的柱子判斷樑位。**

大樑一般在建設公司銷售的平面圖上不會特別顯示，除了靠經驗值判斷，另一個方式則是從平面圖上柱子的位置去判斷，通常柱子和柱子間會有樑，可以比對樑的所在之處有沒有剛好在不希望出現的區域，或是能不能透過設計修飾改善。此外，也可以要求建商標註樑位提供參考，就能更準確知道大樑對空間是否造成影響。

平面圖上看不到的樓高也會影響空間感。圖片提供＿和瀚室內裝修設計工程有限公司

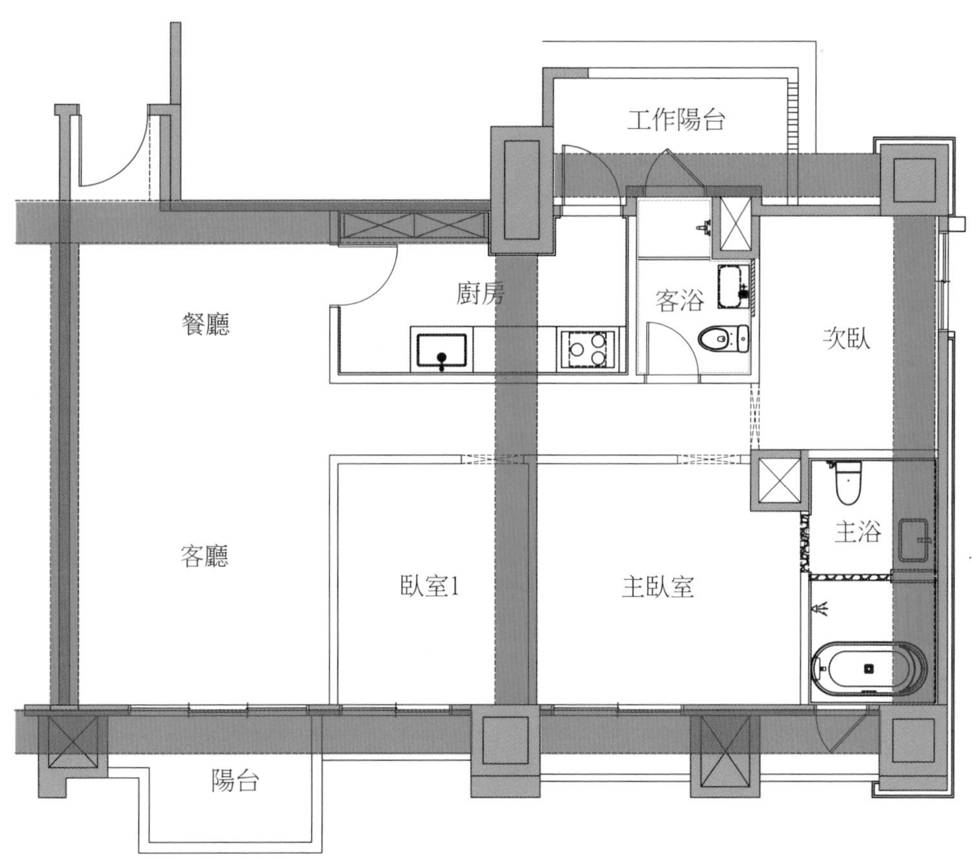


從平面圖上的柱子可判斷樑位。圖片提供 _ 和瀚室內裝修設計工程有限公司

## Q35 預售屋平面圖上，柱子的坪數算主建物坪數還是公設？

**A 柱子、外牆、樓板都算主建物坪數。**

主建物坪數的範圍不只有柱子，外牆、樓板、隔間牆（採一戶一半計算）都包含在內，然而除了坪數，在平面圖上看不到，但會影響空間開闊或壓迫的樓高，反而是比較容易忽略的迷思。假設房子樓高3米4，也就是340公分，但事實上還得要扣除樓板、消防幹管、灑水頭、集線槽和樑，最後實際高度可能只剩240～260公分，這些隱藏的高度記得也要納入整體考量，才不會等到交屋時才驚覺怎麼跟想像中的不一樣。

選對格局就能先省下天地壁的工程費用。圖片提供＿和瀚室內裝修設計工程有限公司

新成屋—怎麼看

## Q36 如何檢視新成屋需不需要花大錢來整修？

**A 從格局判斷是最大重點。**

以整體裝潢項目來看，天地壁的裝修工程可說是花費最多的項目，因此在評估新成屋需不需要花大錢整修時，先從格局是不是符合居住需求，是不是自己和同住者喜歡的形式開始評估。再來則是檢視能否減少費用也不少的木工類工程，以及空調設備是否需要換新或加設天花板封板等，如果這些相較之下費用較高的工程和設備都能在預算內完成，設計上再利用油漆跳色、軟件裝飾的方式佈置，整修費用應該就能控制在理想範圍了。

## Q37 該如何看新成屋的「棟距」？棟距多少最剛好？

**A 以安全性爲考量原則。**

距離遠近是比較主觀的感受，同樣的距離，有人認爲近也有人覺得遠，看出去的景物是什麼，比實際遠近更重要，換句話說，沒有最剛好的棟距，只有最適合的棟距。但是棟距太近的確可能會引發一些居住安全上的疑慮，這反而是更需要重視的問題。當棟距很近時，首先要留意有沒有讓宵小輕易潛入的破口，以防距離過近從對面就能跨越進入家中；再者，在棟距很近的情況下，很多人會想要在窗戶外加裝鐵窗以策安全，這時則應注意是否會成爲違建而被檢舉。

很多人會想要在窗戶外加裝鐵窗以策安全，這時則應注意是否會成爲違建而被檢舉。

## Q38 購買新成屋之前，要如何確保是否沒有違法夾層？

**A 別被「挑高」牽著鼻子走。**

新成屋若是有夾層設計，但在建物所有權狀上並沒有載明，絕對就是屬於違建，這是最快、最準確的判斷方式。然而，在還沒有看到權狀前，有時候會遇到建商文案或銷售人員話術以「挑高」字眼，暗示可以作爲夾層使用，這時也千萬別被牽著鼻子走，因爲再怎麼包裝，違建還是違建，都存在著日後會被拆除的風險。

總高16層以上大樓應注意防火區劃規定。圖片提供＿相翰室內裝修設計工程有限公司

## Q39 到現場看新成屋時，該如何看出哪些牆能拆除做開放式格局？

### A 高樓層需注意防火區劃規定

基本上，只要不是會影響結構的牆面，例如：剪力牆、承重牆等，屬於分隔內部空間的分間牆都可以拆除重新設置，達到開放式格局的規劃設計，但要特別注意的是總高超過16層樓以上的大樓，因應消防安全考量而有防火區劃的法規，簡單來說，家中會使用到明火爐具，具有防火性能的牆體、門窗等就不可以拆除，即使是住在同棟大樓的低樓層也一樣必須遵守規定，以維護整棟大樓的安全。如果購買的房子位於超過16層的大樓，又眞的很想要有開放式空間，有沒有解套的方法呢？有的！只要使用的是非明火爐具設備，則不在此限。

**安心成家小叮嚀**

**必須依法更動廚房防火區劃**

在台北市的建案更動廚房防火區劃，除採用非明火爐具設備外，需依台北市一定規模以下建築物免辦理變更使用執照管理辦法辦理申請。

現行法規樓板厚度及隔音降噪皆須符合規範。圖片提供＿和瀚室內裝修設計工程有限公司

## Q40 看新成屋時，該如何測試樓地板是否太薄？

**A 樓板厚度有法規可循。**

過去看屋時想要知道會不會因爲樓板太薄，導致入住時聽得到鄰居的一舉一動，最簡單的做法就是到樓上丟個銅板或跑跳測試看看，萬一樓上已經有住戶，則可以多停留一下聽聽看是否有走動或講話傳來過大的噪音。不過，爲了保障居住安寧，民國110年內政部已重新修正樓地板隔音的規範，以最常見的鋼筋混凝土樓板來說，厚度12公分以上，隔音緩衝材需降低20分貝以上；厚度15公分以上，則需降低17分貝以上。如果還想要讓家中隔音效果更好，可考慮加裝氣密窗和牆面吸音棉，也有助於阻隔噪音。

## Q41 新成屋中有所謂的實品屋，可以買嗎？

**A 確定建材品質再決定。**

已經裝修好，漂漂亮亮、一應俱全的實品屋，只要帶著自己的家當就能馬上入住，看起來相當吸引人，但是實品屋也隱藏了一些缺點，在釐清確認前先別急著買。爲了降低成本，實品屋所使用的建材有可能較次級，在材料無法自己把關的情況下，建議三思再決定；另外，實品屋進出人員多且複雜，現場傢具、牆面油漆或壁紙都難免容易損傷，要先問清楚這些是不是都能要求修復；最後也別忘了確定實品屋裡的傢具、家電是不是都會附贈，以免交屋時才發現不是當初看到的樣子。

## Q42 如何觀察社區的服務、公共設施是否完善？

**A 可觀察管理室及垃圾回收區。**

想要知道社區的管理制度是不是完善，最基本的可以先看看大廳、樓梯間、是否打掃清潔乾淨，公共設施是否都有定期檢修的紀錄，也跟保全或管理人員交談聊聊，了解其素質和態度；進一步再到存放包裹、回收垃圾的區域觀察一下，是否擺放、維護得宜，從小地方往往更能看出一個社區的管理有無制度。

## Q43 如何觀察新成屋社區住戶品質？

**A 從房屋前身可窺知一二。**

有句話說：「有錢難買好鄰居。」，買房子可以很有邏輯條理分析好壞，但鄰居品質有時真的還是得要靠點運氣。以常見的狀況來說，如果新成屋是都更宅，住戶可能來自不同社經地位，相對複雜性就略高一些；如果新成屋的坪數大小差異太大，表示住戶的經濟能力不同，生活水

如果還想要讓家中隔音效果更好，可考慮加裝氣密窗和牆面吸音棉。圖片提供 _ 南邑室內設計事務所

平可能也較不平均，當然這樣的判別方式是推論，只能作爲參考，建議還是要以實際感受爲主才準確。

## Q44 如何判斷新成屋「消防安全設備」是虛設還是健全？

**A 可要求安檢報告及測試。**

不可諱言有些大樓或房子裡的消防安全設備，存在著看得到但不見得有功能的可能性，爲了安全起見，可以要求看社區的安檢報告，確保有定時檢修維護；屋內的消防設備可以先觀察天花板的感應器是否有電、有無亮燈，如果要實際測試，可請管理室廣播通知住戶們再進行。此外，如果看的房子是在11樓以上的樓層，依規定必須具備自動灑水頭，若沒有看到一定要詢問清楚，以保障入住後的居家安全。

可以先觀察天花板的消防感應器是否有電、有無亮燈。圖片提供＿南邑室內設計事務所

MEMO

老屋怎麼看

## Q45 到現場看30年老屋，該如何檢查房屋結構是否安全？

**A 檢視樑柱是否傾斜，善加利用老屋健檢。**

一般來說，「大L型」、「大T型」、「大U型」社區為地震較容易倒塌的結構規劃，因此到達現場後，可以先於大樓四周走動觀察，若樑柱牆出現45度斜裂縫或嚴重磁磚掉落、樓梯牆面損壞，且1~2樓樑柱有大於20公分的剪力牆出現，則表示居住安全極可能有疑慮。此外進到屋內後，可以先注意樑柱是否有彎曲，鐵門、窗戶、嵌入式衣櫥的門是否卡住無法打開，若有上述問題，則可以更進一步判定此屋的結構是有問題的。若想擁有更完整準確的結構檢測，可以善加利用「老屋健檢」，不僅可以進行結構耐震評估，還可以向直轄市、縣市政府申請健檢補助費用。

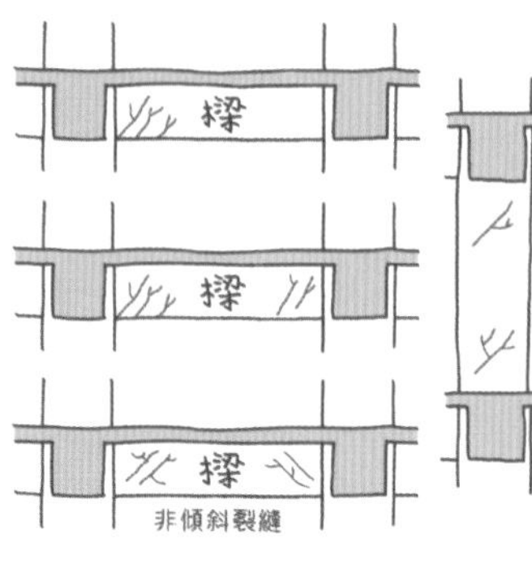


老屋健檢初步評估，分爲「結構」、「防火」、「避難」、「設備」、「外牆」等五大項，從初評總分落點就能知道房子結構安不安全、耐不耐震。

## Q46 屋主說已將老屋管線全面換新，該如何確認他說的是真是假？

**A 初步可檢查電箱，檢視管線是否雜亂無章。**

一般而言，老屋的電力負載對於現今民眾的用電量來說都是不夠使用的，以電線安培數來說，會建議提高到70安培才可敷使用。若電力使用狀態超出舊有電線所能負荷的範圍，容易使導線升溫，進而融化絕緣外層，同時也提高了危險性。管線是否有全數換新，可經由檢視電箱來確認，檢查內部電線是否雜亂，進而看看燈具開關面板是否為舊款式，也可經由電線外觀是否有生鏽來進行簡單的判定喔！

更換新電線時，總表開關後的電線也要記得換新，否則依然會產生用電的安全問題。攝影_Jessie

**安心成家小叮嚀**

**記得申請危樓鑑定**

購買老屋前切記檢視該物件的危樓判定結果，若無相關資料可向地方政府建管機關申請鑑定。

## Q47 該如何判斷老屋是不是危樓？

**A 可向各地方政府建管單位申請鑑定。**

所謂「危樓」的定義，便是會危及使用者與第三者安全的建築，若對於想要購買的老屋有疑慮，可以向地方政府建管單位申請危樓鑑定，其中紅標爲半倒或全倒之建築物，因有傾頹朽壞的狀況，對居住安全造成疑慮；若爲黃標則是列爲需注意之建築物，未達限制使用的程度，但會以書面通知所有權人應盡速修繕或辦理重建，以維護居住安全。此外，委託仲介購屋時，在買賣合約書中會有屋況勾選單，其中便有一項是關於危樓檢測，若爲黃標依然必須要求加註說明，才不會因爲資訊的不對等而對居住安全造成危害。

屋齡高的房屋外牆，容易有飾材風化的問題，造成脆弱且易剝落的情況，對於居住安全來說有如不定時炸彈。攝影_Jessie

一般而言，牆體裂縫大於 0.3 公分即可算是「結構性裂縫」，而寬度若超過 1 元大小，則建議請結構技師前來鑑定，確認狀況後才能施作後續工程。

## Q48 老屋建築物外牆剝落一定有危險嗎？該如何判斷？

**A 外牆磁磚剝落，具有裂縫滲水問題不可輕視。**

若想解決房屋外觀老化的問題，最直接的途徑便是進行外牆拉皮工程，以水泥、磁磚或者大理石修復老舊的外牆。尤其當外觀有建材汙損剝落、磁磚與窗框防水膠老化、現有磁磚含水率高，以及外牆結構裂縫造成滲水的情形，此步驟便更不能省略。由於外牆建材的剝落有機率引發公安問題，萬一磁磚掉落時砸傷住戶、行人或車輛，大樓管委會與相關委員都需要負責損失賠償，嚴重者更會涉及刑事責任。因此外觀拉皮並非僅僅是爲了提升房屋的價值，也是免於住戶長期居住於危險的環境。

## Q49 如果老屋樑柱上有裂縫會影響結構安全嗎？應該如何判斷？

**A 了解裂縫種類進行判定，或向結構技師尋求專業鑑定**

老屋由於屋齡已高，施工工法較爲傳統，鋼筋也已老舊，因此在結構上較容易由於地震搖晃而出現問題，在購買老屋前應先觀察天花板的樑柱以及壁面有無裂痕。對房屋有害的裂痕分爲好幾種，例如：在承重牆上出現貫穿整個牆面也延伸至背部的裂縫，走向爲傾斜角度；或者在不同樓層牆體的同一位置均出現有方向、有規則的裂縫。此外在裝修時，涉及結構安全的樑柱與剪力牆都應盡量避免破壞，若施工時難以分辨，可調出原始圖面來進行對照，或者也可以請專業的結構技師到現場實地勘查，以便得出最完整的判定結果。

## Q50 看老屋時，該如何測試樓地板是否太薄？

**A 可以利用樓板厚度探測器進行測量。**

一般住宅的樓板厚度規定至少要有約15～20公分，有些建案會標榜加厚樓板以隔絕噪音。以常規樓層承重力而言，最低每年平方公尺也要足以承載200公斤，如果樓板厚度不夠，不僅無法有效杜絕噪音，還會造成樓板承載力不足，過於脆弱的問題。在購買老屋前，可以利用樓板厚度探測器來測量該房屋的樓板厚度，若沒有該儀器，也可以透過試踏幾下樓板，並仔細聆聽是否有產生共振聲，若無，則代表樓板厚度足夠，可放心購買該老屋。

爲了避免將重量集中在樓板某支點，盡量別將大型傢具同時擺放或者疊放於同一位置。

### 安心成家小叮嚀

**出示無輻射汙染證明**

目前政府針對施工中建築物，都會要求承造人提出「無輻射汙染證明」，而消費者也要謹記在房屋買賣契約中，要求賣方保證房屋無輻射鋼筋的情況，並出示證明，以策安全。

## Q51 如何判斷老房爲輻射屋？

**A 肉眼難以測試，可尋求專業機關協助探測。**

當房屋在建造時，所使用的鋼筋或者其他材質有受到輻射汙染，則該房屋便會有產生放射性物質並對人體造成傷害的疑慮。此類受到輻射汙染的房屋多集中建蓋於一九八二年至一九八四年（民國71年至73年）間，若建物於此期間興建則需謹慎檢查是否有成爲輻射屋的可能性。在測量時，若輻射量高於每小時0.1～0.2微西弗，便具備視爲輻射屋的條件。由於輻射汙染較難以肉眼測試，因此相關檢測可向專業機關，像是輻射防護協會、原能委員會核護組尋求協助，或者向建築師、結構技師公會商借「蓋氏計測器」，若屋內鋼筋含有輻射劑量，將儀器靠近樑、柱、牆等結構邊偵測，儀器會響個不停，此外亦可要求仲介進行輻射檢測，一次費用約在NT.2,500～4,000元之間。

**安心成家小叮嚀**

**網路查詢海砂屋**

台北市建築管理工程處網站↓建管業務綜合查詢↓宣導專區↓「海砂屋專區」↓「列管清冊及相關法令專區」↓「台北市高氯離子混凝土建築物列管清冊」

## Q52 如何判斷老屋是否爲海砂屋？

**A 上網查詢有無登錄，測試時以天花板爲標準。**

我們經常聽到的「海砂屋」其實是代表該房屋的混凝土中具有高氯離子含量，由於混凝土中可能參雜有未經處理之海砂，導致品質不良，若加上施工不當而使鋼筋腐蝕，進而產生混凝土龜裂、剝落甚至鋼筋鏽斷的現象，都將嚴重損害房屋之結構，縮短其壽命且影響居住安全。在台北市政府的網站中，雖然留有一小部分的海砂屋登錄，但由於海砂屋的數量過多，因此未能全數查獲，故在看屋時，可先經由外觀目視初步判斷，以保護層較薄的樓板之處爲主，如果發現天花板出現析晶、鏽斑、混凝土表現嚴重龜裂及鋼筋外露之現象，則建議施行進一步的檢測較爲保險。

## Q53 如何檢查老屋是否會漏水？購買前該注意什麼？

賣家在出售房屋時，通常不會另外花錢進行整修，因此經常以封板粉刷的方式來掩飾漏水痕跡，需要多加注意。

**A 查看地板、牆面，是否有漏水痕跡。**

老屋最常見的問題之一便是漏水，而漏水的原因不外乎結構受損、屋頂防水層失效或者水管電路沒有接好……等因素。在看屋時，可著重檢查地板與牆壁，例如：地板有無翹起、壁面油漆是否有剝落，如果牆壁使用壁紙，則可試著敲敲牆面，若發現其背後有用木板封起來，則有可能是爲了掩飾漏水痕跡，需更加謹愼的評估與檢視。

另一方面，老舊的水路管線也可能是造成漏水的元凶之一，因此看屋時也別忘了檢查室內管線，亦可藉由試沖馬桶的動作，來測試公共管線是否順暢。

## Q54 如何確認老屋的廚具設備是否堪用？

**A 逐一檢視運作是否正常，條列僅目進行更換。**

若想購買老屋，裝修的費用肯定省不得，尤其預算上肯定會需要預留大部分給結構的加強、管線更新……等基礎工程，因此優先檢查設備，條列出需要更新的項目而非全部更新，會是個節省預算的好方式。廚房的設備包含瓦斯管線、廚櫃門片、水槽、冰箱……等項目。若是廚櫃門片已鬆動會建議進行更換；冰箱運作時若會發出不正常的運轉聲，可以請冰箱業者前來檢查問題點；至於瓦斯管線若也需要移位或安裝，還是要請有專屬認證的工程人員爲佳，才能確保每一個流程環節沒有疏失，讓居住安全更有保障。

若想通盤了解老屋中的廚具設備的狀況，可以請專業團隊前來全面檢查，較能確保沒有忽略之處，影響入住後的生活品質。

看屋時也可以檢查地排位置，若是設於流理檯前，會較利於排水，此外也要配合磁磚計畫，盡可能安排於磁磚交接處，可透過下斜坡度排水。

## Q55 如何確認老屋的衛浴設備是否堪用？

**A 試沖馬桶檢測排水，水壓不足導致水溫不穩。**

屋齡超過10年以上的老屋，很容易會有排水管因汙垢囤積，使得排水管的管壁變窄、排水功能變差等情況，若排水量過多還會發生阻塞的現象，因此在看屋時，可以試著沖沖看馬桶，並打開各個水龍頭測試排水狀況，避免裝修完畢還要重新打掉換管。另外，老屋也十分容易發生浴室水龍頭水壓不足的問題，導致洗澡時水溫忽冷忽熱，因此看屋時也要記得測試一下水壓，若有不足則需要加裝加壓馬達。

## Q56 如何確認老屋的冷氣是否堪用？

**A 檢查壓縮機運轉狀況，拆下濾網清洗汙垢。**

檢查老屋冷氣是否堪用時，可以先打開冷氣並調至18度，等待三分鐘後感覺室內是否變得涼爽。如果冷氣的效果不彰，有可能是壓縮機沒有運轉，導致沒有辦法吹出冷風，或者是由於內部濾網被灰塵堵住，累積過多汙垢而使冷氣吹出的風不冷。若是前述兩點經檢查過後都無異狀，則可能是冷氣安裝的位置不佳，無法使冷氣送到室內各處，此時可考慮改變冷氣安裝的位置，避免使機器運轉超出負荷，降低設備的使用年限。

### 安心成家小叮嚀

**建議定期保養冷氣**

最常見的冷氣不冷原因在於髒汙堵塞，而容易被灰塵堵塞的地方包括冷氣濾網、濾網底下的蒸發器、以及下方的風扇與出風口，建議每1至2週定期清潔，也建議定時進行冷氣保養。

有時候牆面的防水層失效，也會導致窗戶漏水的狀況，可以於牆面上方加擋水板，減輕雨水衝擊窗戶與牆體之間的填充層的力道。圖片提供＿日作空間設計

## Q57 如何確認老屋的窗戶不會漏水？

**A 若窗框附近有水漬則有漏水問題。**

在檢查老屋窗戶是否會漏水時，應先檢視窗戶、窗框附近是否有因滲水而留下的水漬，或是由於窗戶本身有破損導致密合度不夠，建議直接將窗戶換新；窗戶漏水也有可能是因爲地震所造成的結構性漏水，此時應該找抓漏師傅來巡察整體狀況。此外，若窗戶本身強度不夠，也會因長年使用而產生變形，若發現窗框邊砂漿層有開裂、脫落的情形，也要予以換新才能避免滲漏。最後，也記得試著開關窗戶，檢查窗戶與邊框是否有鬆動的現象，若有鬆動而不處理，窗戶與牆體之間的縫隙將會越來越大，也會發生漏水情形。

進到房屋時，可先以目視判斷家中鋁門窗是否方正，隨後將鋁門窗微微開啟只留下一條小縫隙，檢查縫隙上下兩端大小是否一致。圖片提供＿日作空間設計

## Q58 如何確認老屋的鋁門窗是否堪用？

**A 檢查氣密度是首要任務，以打火機或手電筒進行測試。**

若在看屋時，發現該老屋使用的是鋁門窗，可依以下方法來檢驗其是否堪用，首先在鋁門窗緊閉的情況下，在室內以打火機靠近其四周，觀察火焰是否有被風吹拂之情形，此舉可判斷其氣密度；此外，試著輕微搖晃內窗，藉此測試內外窗框的咬合度，若內框有晃動的情形，則表示其氣密度不甚理想；或者也可用手電筒直接照射窗框，檢查接縫處是否有光源露出，也是判斷氣密度情況的好方法！

## Q59 如何檢視老屋賣方所附的裝潢沒有問題？

### A 依現況說明書檢視項目。

老屋在經過裝修後，很多原有的問題都可能被遮蓋，所以實際上到底藏有哪些狀況，只從表面是很難看出異狀的。如果想要做很縝密的檢視，建議尋求專業的驗屋公司團隊逐一仔細檢查，但若是沒有這筆預算，也可以請原屋主或仲介提供房屋現況說明書，依照各項目勾選說明，並將這份說明書作爲合約附件，確保雙方權益也作爲日後萬一有爭議時的依據，避免推卸責任引發糾紛。

老屋在經過裝修後，很多原有的問題都可能被遮蓋。
圖片提供＿南邑室內設計事務所

**附件一**

## 建 物 現 況 確 認 書

| 項次 | 內　容 | 備註說明 |
| --- | --- | --- |
| 1 | □有□無包括未登記之改建、增建、加建、違建部分：<br>□壹樓___平方公尺□___樓___平方公尺<br>□頂樓___平方公尺□其他___平方公尺 | 若為違建（未依法申請增、加建之建物），賣方應確實加以說明，使買方得以充分認知此範圍之建物隨時有被拆除之虞或其他危險。 |
| 2 | 建物型態：__________。<br>建物現況格局：□有□無隔間；若有，__房__廳__衛。 | 一、建物型態<br>(一)一般建物：單獨所有權無共有部分(包括：獨棟、連棟、雙併等)。<br>(二)區分所有建物：公寓(五樓含以下無電梯)、透天厝、店面(店鋪)、辦公商業大樓、住宅或複合型大樓(十一層含以上有電梯)、華廈(十層含以下有電梯)、套房(一房、一廳、一衛)等。<br>二、建物現況格局以交易當時實際之現況格局為準。現況格局例如：房間、廳、衛浴數，有無隔間。 |
| 3 | 汽車停車位種類及編號：<br>地上(下)第__層□平面式停車位□機械式停車位□其他__。<br>編號：第__號停車位__個，□有□無獨立權狀。<br>□有□無檢附分管協議書及圖說。<br>□有□無約定專用部分；若有，詳見規約附圖。 | |
| 4 | □有□無滲漏水之情形，若有，滲漏水處：____。<br>滲漏水處之處理：<br>□賣方修繕後交屋。<br>□以現況交屋：□減價□買方自行修繕。<br>□其他_______。 | |
| 5 | □有□無曾經做過輻射屋檢測；<br>若有，請檢附檢測證明文件。<br>檢測結果□有□無輻射異常；若有異常之處理：<br>□賣方改善後交屋。<br>□以現況交屋：□減價□買方自行改善。<br>□其他____。 | 七十一年至七十三年領得使用執照之建築物，應特別留意檢測。行政院原子能委員會網站已提供「現年劑量達1毫西弗以上輻射屋查詢系統」供民眾查詢輻射屋資訊，如欲進行改善，應向行政院原子能委員會洽詢技術協助。 |
| 6 | □有□無曾經做過混凝土中水溶性氯離子含量檢測(例如海砂屋檢測事項)；若有，檢測結 | 一、八十三年七月二十一日以前，CNS3090無訂定鋼筋混凝土中最大 |

簽約時附上現況說明書可避免日後糾紛。資料提供__和瀚室內裝修設計工程有限公司

| | | |
|---|---|---|
| | 果：___________。<br>□有□無超過容許值含量，若有超過之處理：<br>□賣方修繕後交屋。<br>□以現況交屋：□減價□買方自行修繕。<br>□其他____。 | 水溶性氯離子含量(依水溶法)容許值。<br>二、八十三年七月二十二至八十七年六月二十四日依建築法規申報施工勘驗之建築物，參照八十三年七月二十二日修訂公布之CNS3090檢測標準，鋼筋混凝土中最大水溶性氯離子含量(依水溶法)容許值為0.6 kg/m³。<br>三、八十七年六月二十五日至一百零四年一月十二日依建築法規申報施工勘驗之建築物，鋼筋混凝土中最大水溶性氯離子含量參照八十七年六月二十五日修訂公布之CNS3090檢測標準，容許值含量為0.3kg/m³。<br>四、一百零四年一月十三日(含)以後依建築法規申報施工勘驗之建築物，鋼筋混凝土中最大水溶性氯離子含量參照一百零四年一月十三日修訂公布之CNS 3090檢測標準，容許值含量為0.15 kg/m³。<br>五、上開檢測資料可向建築主管機關申請，不同時期之檢測標準，互有差異，買賣雙方應自行注意。 |
| 7 | 本建物(專有部分)是否曾發生兇殺、自殺、一氧化碳中毒或其他非自然死亡之情事：<br>(1)於產權持有期間□有□無曾發生上列情事。<br>(2)於產權持有前，賣方<br>□確認無上列情事。<br>□知道曾發生上列情事。<br>□不知道曾否發生上列情事。 | |
| 8 | □有□無住宅用火災警報器。<br>□有□無其他消防設施；若有，<br>項目：(1)____(2)____(3)____。 | 非屬應設置火警自動警報設備之住宅所有權人應依消防法第六條第五項規定設置及維護住宅用火災警報器。 |
| 9 | 自來水供水及排水系統□是□否正常；若不正常，由□買方□賣方負責修繕。 | |
| 10 | 現況□有□無出租或被他人占用之情形；若有，<br>□賣方應於交屋前：□終止租約□拆除□排除<br>□以現況交屋<br>□買賣雙方另有協議__________。 | |

資料提供　和瀚室內裝修設計工程有限公司

| 11 | 現況□有□無承租或占用他人土地之情形；若有，<br>□賣方應於交屋前：□終止租約□拆除□排除<br>□以現況交屋<br>□買賣雙方另有協議________。 | |
|---|---|---|
| 12 | □是□否為直轄市、縣(市)政府列管之山坡地住宅社區。<br>建築主管機關□有□無提供評估建議資料。 | 所有權人或其受託人可向直轄市、縣(市)政府建築主管機關申請相關評估建議資料。 |
| 13 | □有□無約定專用部分；若有，詳見規約。 | |
| 14 | □有□無公寓大廈規約或其他住戶應遵行事項；若有，□有□無檢附規約或其他住戶應遵行事項。 | |
| 15 | □有□無管理委員會統一管理；若有，<br>管理費為□月繳新臺幣__元□季繳新臺幣__元□年繳新臺幣__元□其他___。<br>□有□無積欠管理費；若有，新臺幣____元。 | 停車位管理費以清潔費名義收取者亦同。 |
| 16 | 下列附屬設備<br>□計入建物價款中，隨同建物移轉<br>□不計入建物價款中，由賣方無償贈與買方<br>□不計入建物價款中，由賣方搬離<br>附屬設備項目如下：<br>□電視__台□電視櫃__件□沙發__組□茶几__件□餐桌__張□餐桌椅__張□鞋櫃__件□窗簾__組□燈飾__件□冰箱__台□洗衣機__台□書櫃__件□床組(頭)__件□衣櫃__組□梳妝台__件□書桌椅__張□置物櫃__件□電話__具□保全設施__組□微波爐__台□洗碗機__台□冷氣__台□排油煙機__台□流理台__件□瓦斯爐__台□熱水器__台□天然瓦斯□其他__。 | |
| 17 | 本棟建物□有□無依法設置之中繼幫浦機械室或水箱；若有，位於第___層。 | |
| 18 | 本棟建物樓頂平臺□有□無依法設置之行動電話基地台設施。 | 行動電話基地台設施之設置，應經公寓大廈管理委員會或區分所有權人會議決議同意設置。 |
| 賣方：_______________（簽章）<br>買方：_______________（簽章）<br>簽章日期：____年____月_____日 | | |

資料提供__和瀚室內裝修設計工程有限公司

# Chapter 2

# 買屋階段

所謂的「好」房子定義是什麼？指的是地段好？交通方便？或是……等等，其實除去這些外在環境給予房子的定義外，內部空間格局是否足夠適合也是不容忽略的。第二章透過有系統的方式教你選購各式房屋，掌握必知重點，買到自己屬意的窩也省去日後裝修的困擾。

STEP 1
買房議到好價錢

## Q60 如何利用實價登錄找低點？

**A 鎖定區域與交易日期，找出參考行情價。**

「內政部不動產交易實價查詢服務網」，又稱爲實價登錄網站，是提供民眾可自行上網查詢土地及建物交易案件的資訊與成交價格，網站內容除了「不動產買賣」之外，還有「不動產租賃」、「預售屋買賣」的查詢。

由於交易資訊量多，建議在查詢實價登錄時，輸入的資訊以越接近鎖定的地區範圍（譬如縣市鄉鎮、區域範圍之外，可以再輸入路段名稱）、建物類型（譬如住宅大樓或公寓），甚至連樓層、房數格局等條件都可詳細輸入；另外以日期來看，越接近現在的交易資訊，對於正在找房的你而言會越有參考價值。不過，並非每筆實價登錄都能完整呈現該區域、該房屋類型的價格趨勢，有時會出現偏高或偏低的數據，其中的影響因素有可能是因爲裝潢的有無、非產權的頂樓增建等，無法完全從數字來判斷出個別差異性，因此實價登錄可以作爲一個行情價格的參考，但並非每次都能透過此數據來找到房價最低點。

內政部不動產交易實價查詢服務網。

當確認房屋標的、要進入出價流程時，可向仲介提出斡旋或填具要約書。圖片提供＿樂沐制作

## Q61 看上喜歡的物件該如何出價，以及出價的流程？

**A 提出斡旋或填具要約書。**

找到「喜歡的物件」是夢想，如果又能用「喜歡的價格」買到，則是夢想的實現。然而，買屋者想買低、賣屋者想賣高是人之常情，因此該如何出價，便是一門深奧、沒有絕對答案的藝術。

當確認房屋標的、要進入出價流程時，可向仲介提出斡旋或填具要約書，之後便正式進入議價階段。由於每間房屋的狀況不同，也無法得知屋主的底價，買方可先詢問仲介是否有建議價格，另外也要參考實價登錄行情，綜合評估後從合理低點開始出價。過程中，請記得事先在心中設定好預算天花，以避免一時心急，喊出超過自身財務能力所能負荷的價格。

## Q62 斡旋與要約書的差異性？

**A 款項準備與違約罰則的不同。**

當有屬意的房屋物件，進入出價的流程有兩種方式（兩者二擇一），分別爲「斡旋」與「要約書」。「斡旋」方式，須給付斡旋金，可用現金或即期支票支付，通常爲新台幣10萬元或以房屋總價的5%以內，在下斡旋時便需要先支付斡旋金作爲定金，洽談失敗後會退還給買家；但若屋主同意以買家出價的金額售出時，買方簽名後卻反悔，則斡旋金沒收以作爲買方違約賠償，而如果簽名同意後是賣方違約毀賣，則斡旋必須雙倍償還給買方。

另一種出價方式爲「要約書」，「要約書」與「斡旋」兩者的差異在於要約書不須先準備洽談時的款項，協商成功直接在要約書上簽名，視同正式契約，若協商失敗或審閱期內未協商出結果，則要約書直接失效。但是，若協商成功簽約後才違約，要約書的罰則較爲嚴重，違約一方須賠償成交總價的3%，不論是悔買或悔賣，違約代價都很高昂！

## Q63 該如何選擇合適的房仲？挑選房仲的重點有哪些？

### A 合格證照、專業能力、溝通信任與同理心。

台灣的房仲人員分爲「營業員」與「不動產經紀人」，前者只需上課便可申請登錄，後者則是必須經過國家考試才能取得資格。在挑選房仲人員時，最好確認其擁有合格證照，有足夠的專業知識（了解房地產相關法規、增值稅與房地合一稅制等），對於現行房屋政令、法律與稅制計算等，也能與時俱進的更新資訊，才能幫助降低交易時可能產生的紛爭與風險。

在專業知識之外，挑選房仲人員時，觀察他對於該地區是否有足夠的深耕了解也很重要；最後，則是服務力的整體表現，譬如他是否能用同理心爲買家設身處地著想、是否能和買家建立信任感（對於物件眞實狀況、周邊嫌惡設施等都能據實以報）。一名擁有專業能力，又能理解需求、溝通容易的房仲，絕對會幫助買家在找房買屋過程中更順利愉快。

**安心成家小叮嚀**

**買房前先思考需求**

在開始看房子之前，要先思考你自己的需求是什麼，像是你喜歡電梯大樓呢？還是公寓式老房子？坪數大約多少？要有幾個房間？交通是否便利？……等等，才能挑到一個符合自己需求的好房子。

找到「喜歡的物件」是夢想，如果又能用「喜歡的價格」買到，則是夢想的實現。圖片提供 _ 日作空間設計

# STEP 2 緊盯購屋合約不馬虎

## Q64 買房子要作履約保證嗎？

**A 買賣價金履約保證，確保交易安全性。**

買賣房子的金額相當高，不論哪一方都會在意交易安全性，譬如買方會擔心付了鉅額的房款後卻沒有過戶交屋，賣方會擔心過了戶之後尾款卻沒有收到，因此「買賣價金履約保證」的設計，便是提供一個對於雙方都有保障且安全的金流交易方式，以避免未來可能產生的糾紛與風險。

「買賣價金履約保證」是指設立一個專戶託管買賣房屋的價金款項，並且交由公正的第三方控管，依照交易的進度流程來分段撥款，以確保買方可以順利完成購屋、取得房屋產權，賣方也能順利取得售屋的完整款項。特別注意的是，提供履約保證的帳戶必須信託而非一般帳戶，才能真正確保安全性、避免價金盜用的風險。

## Q65 買房簽約時，買賣雙方需要準備什麼證件與資料？

## A 關鍵一刻，簽約的所有證件資料必須審慎檢查。

房屋交易在不同流程階段，如簽約、用印、完稅、交屋，買賣雙方各需備妥相關證件資料以完成手續。其中，簽約與用印流程通常會同時進行，買方要準備印章、買房登記名義人的身分資料（身分證、戶籍住址、通訊地址、電話資料），另外也必須備妥頭期款（視合約說明給付頭期款，可能是現金也可能是帳戶轉帳）、財力證明或貸款財力證明。

至於賣方簽約時，要準備土地或建物權狀正本、印章與身分證；用印時則須準備印鑑章、印鑑證明（須注意有效期限）、戶口名簿或戶籍謄本、最近期的房屋稅地價稅單正本，另外還有貸款餘額證明或塗銷證明文件。

簽約時若非買賣雙方本人辦理流程，需備足授權書。另外，偕同的代書簽約當日也需提供簽約二類謄本、簽署文件與定金收據等，仲介則需提供不動產說明書。

## Q66 買新成屋、中古屋簽約有哪些注意事項，才能確保自己購屋權益呢？

### A 確認合約內容、簽約對象，與未來的付款交屋日期。

不論新成屋、中古屋都屬於成屋，其簽約流程相同。簽約在購屋中是非常重要的一環，各項資料務必確認清楚以保障自身權益。

關於這份合約，我有一些問題……

簽約時要確認土地及建物謄本資料，以及坪數面積等。

**1.契約內容與其他書面內容：**一般簽約時，代書所提供的合約書為定型化契約，會載明買賣雙方個人資料、買賣標的地建號與坪數大小、權力範圍持份、成交金額等。在契約書中款項所標示的部分，建議最好使用國字書寫，以避免遭變造或書寫不清的爭議。另外，簽約附件的「不動產說明書」、「建案現況確認書」等，請詳閱並確認載明資訊皆正確無誤，譬如「物況查檢」中關於房屋漏水、修繕部分是否都有按協議方式處理，是否有輻射或海砂屋檢測、非事故屋的聲明等等，設備負擔與置留物附贈物等皆有清楚的書面詳載。

**2.確認產權與簽約對象：**簽約時要確認為本人親簽，如有委託授權則要出示授權證明。另外，要確認土地及建物謄本資料，確認坪數面積、確認沒有其他的借貸設定或尚未塗銷的限制登記，或者有無租約等等。

**3.付款方式與交屋日期：**房屋交易的付款大概分簽約、用印、完稅、尾款這四個階段來支付價金，一般而言，在簽約時代書會請買方簽署擔保本票（開立同尾款金額的本票），並禁止背書轉讓，待尾款支付後會無息退還給買方。而所有的交易流程，都建議使用前述提及的「買賣價金履約保證」，透過信託專戶、第三方履保公司或銀行，以確保價金與產權安全交易轉移，且因應洗錢防制法，如經手大筆金額交易需填寫相關證明文件，並建議採用匯款方式進行。至於交屋時間與方式也要在簽約時的合約中清楚載明，通常會在尾款支付後才進行交屋手續辦理。

不論新成屋、中古屋都屬於成屋，其簽約流程相同。圖片提供 _ 日作空間設計

## Q67 買預售屋簽約有哪些注意事項，才能確保自己購屋權益呢？

### A 完工交屋日期、建材設備保固，以及未來面積誤差的找補方法。

買預售屋簽約時，契約必須要有超過5天的審閱期，而且不得要求買方支付定金才能享有審閱時間，也不能另外加註放棄審閱期的文字。至於契約內容，應明列開工日期、完工交屋日期，以及建材設備材料（譬如建材品牌、樣式、規格、廠牌系列等，越清楚越好）、建材與設備的保固期限、車位資訊等。

由於預售屋從簽約到交屋通常需要幾年時間，建議在購買預售屋這類產品時，在一開始的簽約時便要多多留意，確認這份契約是否爲合理規範的定型化買賣契約，上述資訊是否都有載明清楚，契約內容也應列出違約時的條款辦法，譬如若將來預售屋竣工後的實際室內面積，可能與合約上的有所誤差，在契約中便應該先行明訂面積誤差找補方法（定型化契約規範中，面積不足部分賣方應以費用找補；而面積超過部分，買方找補以2%爲上限；如果面積誤差超過3%，買家可解除合約）。

除了契約之外，注意該建商是否有取得建築執照，也要將賞屋時的廣告DM，銷售提供的文字、表格、圖片、對話等都妥善保管，作爲未來交屋時的確認憑據，若出現爭議時也是保護自己的最好佐證資料。

**安心成家小叮嚀**

**妥善保管憑據**

除了契約之外，注意該建商是否有取得建築執照，也要將賞屋時的廣告DM，銷售提供的文字、表格、圖片、對話等都妥善保管，作爲未來交屋時的確認憑據，若出現爭議時也是保護自己的最好佐證資料。

## Q68 辦理房屋過戶時，需要哪些文件？

**A 協請合格信任的代書處理房屋所有權移轉資料。**

辦理房屋過戶時，會由代書負責處理房屋所有權移轉時所需的文件申請與流程，並由房屋仲介提供「不動產說明書」，另外還須準備簽約時的合約書一式三份、簽約當天的土地建物二類謄本，如有特約部分也須提出。此外，爲了避免產權移轉流程中可能出現的紛爭與風險，因此過戶時最好要能提供履約保證、買方開立的尾款擔保本票，如賣方之前尚有貸款未清償的話，於清償後也須提出抵押權的塗銷證明等等。其餘則是火險、地震險單據的辦理。

## Q69 房屋買賣簽約時，哪些做法是爲了讓買方權益更有保障？

**A 審閱期、不動產說明書與履約保證，不要讓權益睡著。**

房屋交易時，如遇到有心隱匿的屋主或素質良莠不齊的房仲業者，難保買方權益不會受到影響。爲了避免此情況，在進入簽約時有幾項機制可以讓買家權益獲得保障：

1. **審閱期：**目前房屋買賣過程使用的多爲定型化契約，包括斡旋單、要約書，消費者保護法中規定以上契約必須提供審閱期，主要用意是希望保障消費者權益，讓買方能有充足時間來了解合約的條款內容。

**2.不動產說明書：**內政部規定房屋仲介在承接房屋買賣委託時，必須提供不動產說明書給買方，並詳細載明房屋現況以及產權資料且由屋主簽名確認，以作爲書面憑證。

**3.買賣價金履約保證專戶：**這項作法不僅是保障買家，同時也能確保賣家權益的雙方保護機制，在進行價金和產權移轉、交屋過程中，能確保價金與房屋產權的交易安全性。

## Q70 爲避免房屋現況與不動產說明書不符，合約上該如何註記？

**A 白紙黑字特約註記，並最好檢附照片及詳細資料。**

不論簽約或交屋時，房屋都必須符合「不動產說明書」上所記載。如果房屋現況預計會產生一些變動，不論是附贈物或房屋瑕疵修繕處理，在簽約時都必須以「特約註記」，白紙黑字記錄清楚，最好還能檢附照片資料，未來在交屋時能有憑證清點，也更能釐清責任歸屬。

## Q71 買房時發現房子內外都有漏水現象，該如何確保權益？

**A 買屋前做買賣合約特約註記，買屋後民法舉證協商。**

承上題，當簽約之前便發現漏水現象，則必須在合約中以特約註記，雙方約定看要由屋主在交屋前修繕完畢，或以折價方式請買方自行處理，於合約中註記並檢附照片後請買賣雙方蓋章確認。

當簽約之前便發現漏水現象，則必須在合約中以特約註記，雙方約定看要由屋主在交屋前修繕完畢，或以折價方式請買方自行處理。

若是交屋後才發現漏水情況，可依民法「物之瑕疵擔保責任」中所規定，交易5年內出現瑕疵疑慮，買方需在發現後6個月之內舉證並向賣方或建商提出異議，最後進入協商或訴諸法律。但一般漏水責任歸屬必須找到源頭，因爲漏水原因可能來自房屋自然老化、地震因素，或是外力引起漏水（而外力源頭是公共管線或個人管線責任歸屬也不同）；另外，也須參照當初交易時契約是否有「無漏水」保證等等，從各方面來判斷，但通常責任判定不易、官司也相當耗時。此外，部分房仲業者也有提供「漏水保固」，必須對照當初「不動產說明書」上的記載，查看交屋前有無修繕記錄、確認漏水源頭，來釐清責任歸屬與未來協商處理方式。

不論簽約或交屋時，房屋都必須符合「不動產說明書」上所記載。
圖片提供 _ 南邑室內設計事務所

# STEP 3 搞懂買賣房屋的各式費用

銀行會願意給予條件較佳的物件提高貸款成數。圖片提供＿樂沐制作

## Q72 如何找到低利率、高成數的房貸？

**A 貸款人還款力＋房屋條件＝核貸利率與成數。**

房屋貸款的利率與核貸成數，是由銀行端針對「貸款人」與「房屋物件」進行綜合評估，貸款人的財務條件與信用紀錄越好，代表著未來有較佳的還款能力，銀行也會願意以較優惠的利率與較高的貸款成數核貸；而物件條件（譬如位處的地點、物件的新舊等等）越佳，表示未來如果面對貸款人無法償還時，銀行將貸款所抵押的房屋進行處分時，可以確保順利脫手、減少風險，因此銀行也會願意給予條件較佳的物件提高貸款成數。

至於究竟要向哪間銀行進行貸款，或是否要使用政府的優惠房貸政策，才能貸到較低的利率與較高的成數呢？由於目前低利時代，銀行房貸利率不見得比政府的房貸政策差，建議可詢問幾家銀行試算後，找出對自己最有利的貸款方案。

## Q73 買賣房屋過程中，需要負擔哪些稅務與費用？

購入房屋之後，未來每年 5 月要繳交房屋稅、11 月繳交地價稅。圖片提供 _ 和瀚室內裝修設計工程有限公司

**A 一般參照定型化契約中所列之買賣方需支付的稅費爲主。**

買賣房屋所須負擔的稅費，買方、賣方的部分不太一樣。

**1. 買方：**買方須負擔契稅、印花稅。費用部分則有地政規費、謄本費、簽約手續費、過戶代書費、銀行貸款手續費、保險費（火險及地震險）。若有委託房屋仲介，則有仲介服務費。

**2. 賣方：**最大筆的稅務支出爲土地增值稅，其他則有交屋日前的房屋稅與地價稅、房屋交易所得稅。費用部分則是簽約手續費、抵押權塗銷代書費，以及交屋日之前的水電、瓦斯、管理費等。若有委託房屋仲介，則有仲介服務費。

## Q74 因爲買房而產生的這些稅費，有哪些是一次性的費用？哪些是未來還需繳交的？

**A 持有稅、交易稅，與資本利得稅。**

承上題，這些不同的稅費，其實可以分爲「持有稅」、「交易稅」、「資本利得稅」這三大類別來看。

**1. 持有稅：**房屋稅、地價稅是屬於持有稅，只要在持有期間皆需要繳納，因此在購入房屋之後，未來每年5月要繳交房屋稅、11月繳交地價稅。

**2. 交易稅：**交易稅是經由房屋買賣交易才衍生的稅費，屬於一次性的費用。買方、賣方各自所需負擔的交易稅不同，買方要繳的爲契稅、印花稅，賣方要繳的則是土地增值稅等。

**3.資本利得稅：**賣方要繳的房屋交易所得稅（舊制）、房地合一稅（新制），便屬於資本利得稅，若房屋持有者爲法人名義，則賣出後需付法人營利事業所得稅。而爲了避免與土地增值部分重複課稅，申報房屋交易所得時，可扣除土地增值漲價總數額再行課徵。

## Q75 二〇二一年（民國110年）7月要實行的房地合一稅2.0，對未來想買房的人有什麼影響嗎？

**A 依持有時間課徵不同稅率，有效遏止短期房價炒作。**

政府在二〇一六年（民國105年）推出了房地合一的新稅制，就房屋或土地以出售後的實際收益獲利來課徵稅捐，稅率以不同的持有時間分級，主要是針對「短期交易」課處較重的稅，以期能遏止房地產價格炒作。

修法後的房地合一稅2.0在二〇二一年7月實行上路，房地合一稅2.0與1.0版本的差異主要在於各不同稅率的「持有時間」。房地合一稅2.0上路後，持有2年內出售將課徵收益的45%稅率；若是持有超過2年但未滿5年課徵35%稅率；持有超過5年但未滿10年則課徵20%稅率。且爲了避免以公司名義炒作房地產，房地合一稅2.0規定境內公司在交易房地產時，必須將獲利併入營利事業所得稅中課徵。

對於買房用來長期自住者（持有超過10年者），或雖然是短期持有但未透過房屋轉售而獲利的

對於短進短出的投資客或炒房公司，房地合一稅2.0確實發揮了遏止短期炒作房價的影響力。

人，新的房地合一稅與舊制的差別不大，但是對於短進短出的投資客或炒房公司，房地合一稅2.0，確實發揮了遏止短期炒作房價的影響力。

另外，房地合一稅2.0對於預售屋市場的投資也會帶來部分影響，因爲新法規對於預售屋的持有時間判定上，預售建造階段的持有年度與成屋後的持有年度，無法合併計算時間，因此若未來需要轉手，則時間需要拉長好幾年才能避免被課重稅；此外，預售屋的「紅單買賣」（買賣預購單），這種換約買賣也視爲交易，未來同樣必須繳納房地合一稅。

| 適用對象 | 稅率 | 房地合一稅 1.0 | 房地合一稅 2.0 |
|---|---|---|---|
| **境內個人** | 45% | 持有期間在 1 年以內 | 持有期間在 2 年以內 |
| | 35% | 持有期間超過 1 年未逾 2 年 | 持有期間超過 2 年未逾 5 年 |
| | 20% | 持有期間超過 2 年未逾 10 年 | 持有期間超過 5 年未逾 10 年 |
| | 15% | 持有期間超過 10 年 | 持有期間超過 10 年 |
| **非境內個人** | 45% | 持有期間在 1 年以內 | 持有期間在 2 年以內 |
| | 35% | 持有期間超過 1 年 | 持有期間超過 2 年 |

## Q76 換屋時先賣掉舊屋，可以減輕買新房的資金壓力，但賣掉舊屋會被課土地增值稅，聽說金額很高動輒數十萬，有減輕負擔的方法嗎？

### A 「一生一次」、「一生一屋」與「重購退稅」。

房地產交易出售後必須繳納土地增值稅，而這筆土增稅也是所有稅捐中金額最高的，課徵方式是依照買進賣出時的「公告現值」，而非用「實價」來計算，一般採累進費率20%、30%、40%來課徵。爲了讓納稅義務人可以減輕負擔、合法節稅，在自用住宅用地前提下，政府推出了「一生一次」以及「一生一屋」方案，只要符合規範內的條件便可申請10%的土增稅優惠稅率。比較兩個方案，「一生一次」的規範限制條件較寬鬆，但每人一生只可使用一次；而「一生一屋」限制條件較嚴格，但可多次申請。以下列出兩者的規範條件：

**1.一生一次：**其自用住宅的認定只要是本人或配偶、直系親屬在房屋買賣簽約日之前將戶籍遷入即可；另外，也必須於起算日一整年度都沒有提供出租、營業使用；面積則不能超過規範（都市土地未超過3公畝、非都市土地未超過7公畝）。

**2.一生一屋：**必須使用過「一生一次」的優惠之後才能申請使用「一生一屋」，並規定土地所有權人設籍在該持有住宅須「連續」滿6年（除了本人之外，配偶、未成年子女也可以算）；另外，簽約買賣日之前的5年，沒有另作出租、營業使用。

除了上述的優惠稅率之外，另一個自用住宅的土地增值稅節稅方案是「重購退稅」。重購退稅規範條件是：兩年內一買一賣（不論先買或先賣），只要是新購入的房屋土地現值高於原先的，則可申請抵扣或退還土地增值稅，主要用意是希望鼓勵民眾透過換屋來提高居住品質。不過，重購退稅還有但書，換屋所賣的房子必須在出售前一年不能出租或供營業使用；換屋購入的房子在5年內也不能轉移、出租或供營業使用，且須設籍超過5年不得中斷（本人或配偶、直系親屬設籍）。

在自用住宅用地前提下，政府推出了「一生一次」以及「一生一屋」方案。圖片提供＿南邑室內設計事務所

## Q77 首購等於「首次購買房屋」嗎？首購的條件是什麼？

**A 原來每個人不只一次「首購」機會！**

首購並不等於「首次購買房屋」。在許多銀行與政府優惠方案的推動上，「首購」的認定定義其實是「在名下沒有其他房子的狀態下購入房屋，稱爲首購」，而非指「首次買屋」。

爲了鼓勵「首購」一族買屋，內政部與財政部推出了多項政策性住宅補貼貸款方案，譬如內政部的「青年安心成家方案」，便是針對20～40歲「首購族」提供的青年優惠貸款，申請的條件是必須爲成年且目前名下沒有房屋（子女名下也沒有）。至於這些首購優惠利率是不是眞的最划算？隨著各家銀行貸款利率調降，加上這些首購優惠貸款利率通常分成一段式、二段式機動利率或混合式固定利率來計算，整體平均下來不一定是最低利率，建議試算後再與各家銀行綜合比較。

## Q78 該如何進行貸款流程？

**A 貸款人還款能力證明↓銀行聯徵↓房屋市場鑑價↓核貸確認與對保↓撥款。**

「首購」的定義其實是「在名下沒有其他房子的狀態下購入房屋，稱爲首購」，而非指「首次買屋」。圖片提供 _ 圖庫

當有考慮購入房屋物件時，可準備貸款人的財力證明（半年以上的存款紀錄、職業薪資單等）、物件資料，先請銀行大概評估出可貸的利率與成數。如果已確定要進行貸款，則要向銀行填寫正式的申請書，除了財力證明與物件資料之外，還需要準備身分證件、房屋買賣合約書，銀行的徵信部門會針對貸款人進行信用聯徵調查，同時銀行鑑價人員也會對房屋進行市場估價，大約兩週後會得出審核結果，確認可貸款的利率與成數。當申請人決定貸款後，會再次確認利率、貸款年限、貸款額度以及寬限期、違約條款、設定擔保品，便正式與銀行之間進行對保（簽訂借款契約），整個貸款申請到核貸撥款流程約歷時一至一個半月左右。

## Q79 何謂寬限期？

**A 約定期限內，繳息不還本。**

每個月的房貸金額，是以貸款期攤繳本金再加上利息來計算。而房貸寬限期，則是指在貸款年限中於特別約定的時間之內，只繳交利息而不必還本，直到寬限期結束後才需要開始攤還本金。一般房貸寬限期約爲1～3年，除非有特殊約定方案則可達5年。

# Q80 寬限期的好處是什麼？寬限期越長越好嗎？

## A 暫時舒緩財務壓力、保留資金調度彈性。

房貸寬限期的好處是，在這段時間只需要繳交貸款利息，每月支出費用相對較低，能讓購屋後的資金壓力稍有喘息機會，對於另有金流規劃或有其他財務需求的貸款人，譬如剛搬家需要添購傢具電器的屋主、需要重新裝修房子的屋主、「先買後賣」的換屋屋主，或是需要配合基金理財定存規劃的屋主，甚或是短進短出的投資客等，都可以在這段房貸寬限期內有個緩衝的過渡期。

至於寬限期越長越好嗎？其實不盡然。由於在寬限期只需繳交利息，從整體貸款攤還的時間軸來看，意味著壓縮了本金攤還的年限（譬如原本設定20年的還款期，若寬限期3年，則本金攤還時間會壓縮成17年），未來每月繳還貸款支出的壓力會更大。也由於每月利息是以「剩餘未歸還的本金金額」來計算，在寬限期中未還本金，因此整體繳交的利息會較高。寬限期提供了一個調整財務的彈性，但先甘後苦的背後仍存在現實代價，必須視個人需求審慎規劃。

寬限期提供了一個調整財務的彈性，但先甘後苦的背後仍存在現實代價。圖片提供 _ 南邑室內設計事務所

# Chapter 3

# 裝修階段

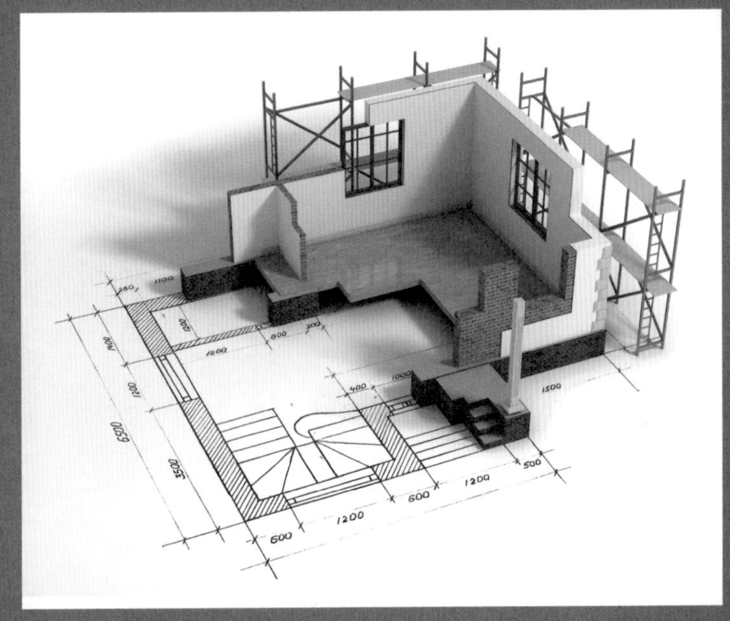


買到了理想的窩，接下來就是面對裝潢問題，第三章將裝潢各式疑難雜症一次蒐羅，從尋求裝潢途徑、費用精打細算、簽約注意事項，到監工施工驗收一應俱全，讓你有方向地面對裝潢大小事。

# STEP 1 尋求合適的裝潢途徑

老屋的水電與管線全部更新，在預算編列時就得加重。

## Q81 尋求裝修途徑前，第一步該做些什麼？

**A 了解裝修預算與裝修手法。**

建議先對裝修行情有初步的概念，才能更準確掌握各項裝修費用細項；而裝修費用大致包含了材料費及施工師傅的工資，價格也會隨著材質的等級及工法而有所不同，每一個工程階段都有各自的計算標準。裝修手法則分成幾種做法，以傢具選購爲主的裝修、或是預算三分之二用在硬體裝修，三分之一用在傢具，另外新舊屋所需要的裝潢費用也有所差異，老屋若超過十年，水電與管線則要全部更新，這一項花費會比其他屋型來得多，在預算編列時就得加重。新成屋裝修想要省錢，在買屋時就要注意，建議盡量挑選格局與動線符合生活需求的空間規劃，可以省去不必要的拆除與管線更動費用，除非建商所附的設備及建材很差，需要更換，不然預算重點還是放在機能性工程。

## Q82 我買的房屋只需要修改廚房或衛浴，需要請設計師來幫忙嗎？

如果是挑高或夾層的屋況，建議還是找設計師規劃比較好。圖片提供 _ 樂沐制作

**A 可委託廚房和衛浴廠商即可。**

除非整修的狀況很複雜，否則像廚房和衛浴空間的局部裝修，建議可以直接找廚具或衛浴設備廠商洽談會比較快速，而且價錢也經濟實惠。這些廠商同樣會針對你的需求做規劃，像是更改管線及更換馬桶或浴缸等等，有的還會直接提供平面設計圖、施工圖或是模擬圖參考，所以不見得非找設計師不可，再者多數設計師也不太願意承接局部裝修工程。

## Q83 如何決定要獨自統包還是交給設計師？

**A 依據房子狀況與變動程度決定。**

如果買來的房子有幾種情況，建議還是委託設計師裝修。包含：超過30年以上的老屋，而且有壁癌、漏水問題，以及結構上有偷工減料、採光狀況，再者是如挑高或夾層、多角形、不規則形的屋況，建議還是找設計師處理比較恰當，還有像是坪數太小的空間，如果不是專業設計者，在空間利用上會比較難以掌握，也應找設計師協助處理。若房子的變動性不大，自己對於風格、如何規劃很有想法，也能適時抽空去工地現場監工，才會建議獨自統包處理。

若房子的變動性不大，自己對於空間規劃很有想法，才會建議交由統包處理。圖片提供＿南邑室內設計事務所

從雜誌、書籍獲得資訊，看到喜歡的空間設計可以標記下來。圖片提供 _ 樂沐制作

## Q84 怎麼找合適的設計師？

**A 從作品和書籍報導了解設計師專長。**

現在網路資源豐富，有許多設計平台提供設計師資料，在蒐集過程中，作品照片風格、設計理念以及案子背後的小故事，都可以列入評量重點，也能充分明白自己所要的設計風格，大致上會需要多少預算與時間。另外也可以從雜誌、書籍報導當中獲得訊息，看到喜歡的作品可以先用標籤貼起來，等累積到一定數量，再回頭去歸納是哪幾位設計師的作品。而專業的居家設計雜誌，都會幫讀者設計不同的空間案型分類，並有清楚的解說與註記，建議可多看幾期、不同作品的呈現，更可比對不同設計師的擅長處，對應自己最介意、重視的地方，找出最對味的那一個。

## Q85 選擇自行發包時，該注意什麼事？

**A 報價需注意單位與數量，工程中做筆記逐步驗收。**

從找工班開始就要注意，挑選工班部分可從是否有跟設計師配合過、或是親朋好友口碑推薦，以及是否能提出清楚的工程細項、數量和單價，另外像是水電若有證照更加分。議價過程也要要求清楚的報價單，數量單位一定要有，例如：幾個、幾坪、幾才，最好有列出材料品牌。到了和工班合作的過程中，一開始就用心記錄工班所做的承諾，施工過程時再依工程進度逐步驗收，以確保工程品質能達到所期望的結果，在不影響施工進度與結構安全的前提下，對於工程中出現的小失誤，請師傅馬上修正完成即可，以和爲貴，維持施工期間輕鬆的氛圍。

**安心成家小叮嚀**

**屋主一起配同丈量**

丈量時，建議屋主應該要陪同一起前往，並解說屋況。例如：房子是否有漏水的情形、電壓配置狀況、是否會經重新配過管線、排水管路走向、瓦斯管路、房屋受潮情形；尤其老屋問題多多，更是應該要詳細解說。這樣設計師才能夠將這些都列入規劃的考量，不論是設計師、統包師傅、系統傢具廠商等，皆能在預算上的掌握有實質幫助。

## Q86 請設計師來丈量，並且畫設計圖需要收費嗎？

**A 視設計公司而定，通常需收費。**

想要跟設計師溝通清楚自己的居住需求，委託設計師到現場丈量十分重要，有些設計公司的確會針對丈量勘查收取費用，算是「提供服務收取合理費用」，多半是車馬費，但每家設計公司做法不同，前提是每個環節進行前，設計公司都需要事先清楚告知消費者。一般來說，設計師會依照現場丈量出來的尺寸，先畫一張原始的平面圖，之後會依據這張平面圖以及居住需求，提供一張設計過的平面圖，再進行第二次溝通，若雙方無意再合作，多數設計公司會收取平面圖的繪製費用，圖面則會提供給屋主，但有些僅收車馬費，合作之前都應先確認清楚。

有些設計公司會針對丈量勘查收取費用。圖片提供＿樂沐制作

**安心成家小叮嚀**

**先確定費用再合作**

一般有丈量費的設計公司，最少都會給予丈量圖面，至於是否有初步規劃圖，則要在事先溝通確認，所以只要付了丈量費，基本上就可拿到準確的丈量圖。收費標準多以每小時工時加車資計算，每家的計費標準有異。在第一次與設計師電話訪談或見面時，屋主最好先問清楚，以免發生糾紛。

## Q87 第一次接洽設計師需要收費嗎？

**A 有些設計師不收，有些設計師酌收諮詢費用。**

面對一坪上千元或上萬元的設計費來講，也有設計師採取不走主流的收費方式，而改以收取一次定額的設計諮詢費，內容包括協助屋主找到適合的風格設計、傢具配置、並繪製簡單的設計圖供屋主參考及想像，協助處理整個裝潢流程進度，但不參與報價及工程施工。而單次諮詢費用每次 NT.5,000 ～ 9,000元不等，但大部分都是收提案費，因此建議屋主最好先行做功課，以方便省時溝通。

親朋好友推薦是最直接快速的方法，另外也有許多媒合平台提供師傅名單。

## Q88 該去哪裡找工班相關資訊？

**A 可透過居家工程媒合平台或是親朋好友推薦。**

透過親朋好友推薦是最直接快速的方法，加上有曾經合作過的經驗，更能篩選出品質好壞，另外，現在也有許多居家工程媒合平台提供不同工種的師傅名單，有些還會列出是否有證照，也可以從已經確定好的工班人選當中，去詢問他們是否有其他工種的推薦人選，因爲很多工班都會有自己的工班聯絡網。但不論工班的來源爲何，最好看過工班完成作品再做決定，並藉由看他們做過的工程、有無營利事業登記證等旁敲側擊的方式來認識裝潢師傅，免得遇到惡劣包工，不但沒省到錢，反而製造更多的問題。

## Q89 什麼情況下，找工班比較划算？

**A 評估五種情況才適合找工班。**

除了屋況的考量外，若想要自己發包工程，專業能力的評量也很重要。千萬不要以爲裝潢就是把工程發包下去，再來監工、驗收就好了。裝潢是依賴專業能力及時間來完成，就算你比別人更具有平面規劃及工程專業的能力，但裝潢就是需要時間。

找工班可以省下設計費與監工費，但必須確認自己有時間和能力可以監工，假如你具備以下幾

如果只是改個門、或是把次臥改成兒童房，直接找工班即可搞定。

種情況，找工班的確可以幫你省很多。

**1.自己會畫平面圖及設計圖面：**除了要會畫圖，還包含你有沒有空間配置的概念，像是抽屜跟面寬深度不能有一點誤差，否則工人跟著做好之後會拉不出來。

**2.簡單的施工內容：**一般性工程如粉刷、鋪設地磚等單純的施工，多數工班都可以做得到，但特殊施工或是異材質結合，多數工班都會怕麻煩跟你說做不到。

**3.預算不高的局部裝修：**如果只是改個門、或是把次臥改成兒童房，直接找工班即可搞定。

**4.清楚裝修工程流程及發包能力：**裝修工程有其次序，如果搞錯次序造成工程失誤反而多花冤枉錢。

**5.有時間監工：**裝修事情非常繁瑣，尤其是監工必須天天看，還要跟工人溝通，如果沒有彈性時間做這些事情，建議還是找設計師比較適合。

## Q90 除了設計師和工班外，還可以找誰幫忙處理裝修房子的事呢？

**A 設計顧問或是系統傢具業者皆有提供服務。**

除了設計師和工班之外，像是系統傢具業者，通常也都有提供裝修服務，若已經決定使用系統傢具，不妨直接委託他們。若屋況相當不錯，格局無須變動太大，預算又真的受限，是可以委託系統廠商或統包師傅進行家的修繕。不過仍建議最好都要圖紙化，所有的圖面說明都要標示清楚，包括平面圖、立面圖及施工剖面圖……等，另外用什麼材料及尺寸也要註明，才能避免施工時的紛爭。

如果是挑高或夾層、或是有多角形、不規則形的屋況，建議還是找設計師處理比較好。圖片提供＿樂沐制作

MEMO

STEP 2
# 裝修費用精打細算

從設計、監工到施工，是設計師較喜歡也常接的案型。

## Q91 一般設計師的裝修費用通常會包括哪些項目，會如何收費呢？

**A 分三種：純做空間設計、設計連同監工、從設計、監工到施工。**

設計師的收費方式及工作內容，是依設計師與屋主合作內容的不同，而有不同的方式，大致分爲三種：純做空間設計、設計連同監工、從設計、監工到施工。

**1.純做空間設計：**由於只做空間設計，常只收設計費，再決定平面圖後，就要開始簽約付費，多半分2次付清。設計師必須要給雇主所有的圖，包括平面圖、立面圖及各項工程的施工圖，如水電管路圖、天花板圖、櫃體細部圖、地坪圖、空調圖等等超過數十張以上的圖。此外，設計師還有義務幫屋主跟工程公司或工班解釋圖面，若所畫的圖無法施工，也要協助修改解決。

**2.設計連同監工：**不只是空間設計還必須幫屋主監工，所以設計師除了要畫出上述的設計圖及解說圖面外，還必須負責監工，定時跟屋主回報程施作情況（回報時間雙方議定），並解決施工過程所有的付費方式，多分2~3次付清。

**3.從設計、監工到施工：**稱「統包」，而這是設計師較喜歡也常接的案型，因爲這樣裝修出來的空間最能符合最初的設計，再加上施工的班底熟，不但有默契，遇到問題也比較好溝通。因

| 類型 | 工作範圍 | 收取的費用 |
| --- | --- | --- |
| **純做空間設計** | 1. 給平面圖、立面圖、水電管路圖、天花板圖、櫃體細部圖、地坪圖、空調圖等等超過數十張。<br>2. 有義務幫屋主跟工程公司或工班解釋圖面，及修改解決。 | 在決定平面圖後，就要開始簽約付費，多半分 2 次付清。 |
| **設計連同監工** | 1. 給平面圖、立面圖、水電管路圖、天花板圖、櫃體細部圖、地坪圖、空調圖等等超過數十張。<br>2. 跟工程公司或工班解釋圖面設計及修改。<br>3. 負責監工，並定時跟屋主回報工程施作情況。<br>4. 解決施工過程所有的問題。 | 在正式簽約後分 2 ～ 3 次付清。 |
| **從設計、監工到施工** | 1. 給平面圖、立面圖、水電管路圖、天花板圖、櫃體細部、地坪圖、空調圖等等超過數十張。<br>2. 跟工程公司或工班解釋圖面設計及修改。<br>3. 發包、排定工程及工時。<br>4. 協同屋主挑選材質。<br>5. 負責監工，並定時跟屋主回報工程施作情況。<br>6. 解決施工過程所有的問題。<br>7. 完工後還要負責驗收成果。 | 付費方式爲簽約時付第一次費用，施工後再依工程進度收款，最後會留 5 ～ 15% 的尾款至驗收完成。 |

此設計師的工作不但要畫設計圖外，還必須幫屋主監工，發包工程、排工程及工時，連同材質的挑選、解決工程大小事等等，完工後還要負責驗收完成及日後的保固，保固期常爲一年，內容則依雙方簽訂的合約爲主。付費方式爲簽約時付第一次費用，施工後再依工程進度收款，最後會留5～15％的尾款至驗收完成。

## Q92 如何評估估價費用是否合理？

**A 掌握以下五個重點，少花冤枉錢。**

一般室內裝修的估價單內容並沒有統一的標準，如果不是設計師或工班很難了解估價單內容。估價單一般內含設備、材料及人工等直接費用還有運費、清潔等的間接費用，如果從保障的角度來考量，應該首先挑選信譽良好的設計公司或工班，以下提供五個評估重點。

**重點1**：詳細預算與圖面資料是相對應的，圖面上所繪製的每項工程，都會在估價單上。

**重點2**：主要材料的品牌及型號、種類也會在圖面及預算單上標示。只要根據實際的面積，以及裝飾材料的品種和價格，很容易了解到設計公司是否有不實報價。

**重點3**：根據一般的工程損耗，裝修材料多出5～10％屬正常情況。

**重點4**：未在圖面上出現的工程，如線路改造，燈具、舊傢具的拆裝也會在估價單上，可根據圖面上的具體尺寸核定預算。

根據一般的工程損耗，裝修材料多出5～10%屬正常情況。圖片提供_南邑室內設計事務所

**重點5：**估價單上的單位價格都是加上工費之後的價格，有時要比實際價格超出許多，可向設計公司仔細詢問價格的制定過程。

假如消費者在瀏覽時，針對專業項目有不了解之處，可請教設計師，將所有裝潢項目內容、數量以及單價核對清楚後，較不會發生裝潢糾紛。

****設計開發有限公司**

**台北市民生東路2段141號8樓**

TEL:(02)25007578 FAX:(02)25001916

工程預算 **ESTIMATE**

客戶：葉先生　　　　工程地址：

報價日期：　年　月　日

| 項目 | 品名 | 單位 | 數量 | 單價 | 金額 |
|---|---|---|---|---|---|
| 三 | 水電工程 | | | | |
| 1 | 總開關箱內全換新 | 式 | 1 | | |
| 2 | 冷熱水管換新 | 式 | 1 | | |
| 3 | 天花板電源線換新 | 式 | 1 | | |
| 4 | 壁面開關插座配管配線 | 式 | 1 | | |
| 5 | 全室電話配管配線 | 式 | 1 | | |
| 6 | 客廳及主臥電視線配管配線 | 式 | 1 | | |
| 7 | 書房網際網路配管配線 | 式 | 1 | | |
| 8 | 配排水管工程 | 式 | 1 | | |
| 9 | 衛浴設備按裝工資 | 式 | 1 | | |
| 10 | 燈具按裝工資 | 式 | 1 | | |
| 11 | 陽台配水管 | 式 | 1 | | |
| 12 | 陽台配排水管 | 式 | 1 | | |
| | | | | | |
| 四 | 燈具工程 | | | | |
| 1 | 主燈 | 盞 | 3 | | |
| 2 | BB嵌燈 | 盞 | 21 | | |
| 3 | 吸頂燈 | 盞 | 1 | | |
| | | | | | |
| 五 | 木作工程 | | | | |
| 1 | 浴室天花板 | 坪 | 1.2 | | |
| 2 | 書櫃旁封壁板 | 尺 | 4.5 | | |
| 3 | CD櫃 | 尺 | 5 | | |
| 4 | 書櫃 | 尺 | 5 | | |
| 5 | 主臥衣櫃 | 尺 | 6 | | |
| 6 | 房間門框及門片 | 組 | 2 | | |
| 7 | 全室天花板 | 坪 | 15.5 | | |
| 8 | 全室木地板 | 坪 | 15.5 | | |
| 9 | 陽台處玻璃隔間及玻璃拉門 | 尺 | 11.5 | | |
| 10 | 全室窗帘盒 | 式 | 5 | | |
| 11 | 全室踢腳板 | 式 | 1 | | |
| 12 | 廚房壁面水泥板 | 式 | 1 | | |
| 13 | 廁所拉門 | 式 | 1 | | |
| | | | | **TOTAL** | |

**總額：新台幣：　佰　拾　萬　千　佰　拾　元整**

針對估價單的每個明細都充分了解，動口問清楚。圖片提供 _ 漂亮家居編輯部

## Q93 如果只找設計師畫設計圖，工程都自行發包，是否比較省？

**A 見仁見智，也必須視情況而定。**

找設計師畫設計圖，再自行找工班施工，的確可以省下監工管理費。但是必須考量自己是否具有專業能力，以及足夠的時間監工。因爲每一項工程都有其專業，而且每個工班都是單一窗口，除非自己有很多時間可以處理和工班的溝通與監工等瑣事，否則建議還是全部交由設計師統一處理比較好。有的工班看不懂設計圖，或者工班的經驗不夠，沒有專業證照，可能無法解決嚴重的問題，這時就會有施工與設計不符的風險，如果重新施作，雖省了監工費，卻增加修改的費用，加上所花費的時間成本，不見得划算。

室內裝修其實是一件很專業的事情，若想自己來的話，建議最好找認識的工頭，帶領專業的工班來施工是最好的，無論在時間上或成本控制上也比較精準。未來想維修也比較容易找得到人。此外，市場上也有設計師提供諮詢服務，針對需求提供規劃和工程的專業意見，因爲不用丈量、考慮細節和畫圖、也不介入發包，整體而言，諮詢費會較設計費來得低，幫助屋主在一開始就能抓住重點。

**安心成家小叮嚀**

**專業證照**

木工或泥工比較沒有什麼專業的證照可以證明，但是水電工的話則必須出示乙級電匠及甲級的證照才能執業。

設計師通常都會針對裝修費用總金額與明細簽約，不可能事後追加。

## Q94 找設計師裝修房子，設計師會不會一直追加裝修費用？

## A 溝通不足，不只是設計師會，連自行找工班也會遇到。

大多數人找設計師時，都會害怕裝修預算無上綱，不斷追加。除非一開始雙方沒簽約，或合約上標示不清，或原本不打算裝修，事後卻又增列新項目，否則，設計師接案時通常都會針對裝修費用總金額與明細簽約，不可能事後追加預算。若屋主自行變更設計，或增加非原合約簽定的項目，當然必須另外付費。不論變更設計或追加裝修項目，都必須請設計師分析可能增加的花費與完成的結果，而且須再度報價，經屋主同意後，才能進行變更或增加裝修項目。

**安心成家小叮嚀**

**預留裝修費用**

現在的消費者都有預留房價百分之十～二十的預算作爲裝修費用，但在各配比劃分上仍容易忽略。若是首購者，建議可先將預算分爲「裝修」、「家電」、「傢具、傢飾」三大類，再依必要性進行分配比重，硬體裝修部分通常約占整體預算的三分之二，家電及活動傢具約三分之一，因此建議首購者若有NT 50萬元的預算，至少要留NT 15萬元左右購買活動傢具及家電等。

# Q95 除了編列重點預算，又該如何分配各費用的占比？

## A 確實做表格了解總支出，再根據一家人需求分配費用。

除了知道裝修費用的計算方式、裝修工程的市場行情，以及看懂估價單避免被追加預算外，要有效控管裝修費用，一定要確實做記錄，才能讓自己更清楚錢花到哪裡去。記錄方式可用表格列點出來，詳細列出工程項目、優先順序、原始預算、廠商估價，與評估後的成交價格等，完成後的表格將有助於屋主做最有效的預算運用及控管，可先將工程項目列出，再依實際需求及設計師或工班報價，填寫在表格當中，將費用支出做總整理。了解總支出費用後，再根據自己和家人的需求分配預算。以下提供三種分配方法：

**方法1：**依空間屬性分配。一般客廳及客廳的預算約占總預算的三分之一、浴室與廚房占三分之一、臥房約占三分之一，若特別重視某個空間，可以加重預算分配比。

**方法2：**依機能需求分配。若很重視收納機能，在收納櫃的預算就要較高。

**方法3：**依材質偏好分配。若特別鍾情於實木地板，非要實木地板不可，在實木地板的預算分配上就要提高。

## Q96 如果裝潢預算只有NT. 80萬元，還有辦法請設計師來裝潢嗎？

**Ⓐ 視屋況及裝潢需求而定。**

很多人認為找設計師，若是裝修預算沒有NT. 100萬元起跳，設計師們應該不會接案。其實這樣的想法並不完全正確，必須視屋子的坪數、屋況，還有屋主的需求情況而定。也就是說，若屋子是新成屋，坪數約20～30坪，沒有格局的問題以及嚴重的壁癌、漏水等情況，若預算低於NT. 80萬元，也會有設計師願意接手。另外，若你是10坪以內的小套房，NT. 80萬元的裝修預算，或許有設計師可以接受。但是若屋子已有30年以上的歷史，即便你出價NT. 100萬，恐怕找來的設計師願意接手，往後也會遇到追加預算的問題，因為老屋的問題實在太多，沒有實際動工，光看外表實在看不出來。

另外，設計公司的規模也是決定是否能承接低預算案子的指標，尤其是超過10人以上的設計公司算是有規格的，因此資源多、流程掌握得不錯，裝修成本可以壓得較低，但相對人事成本較高，預算太低的案子不太會接；不過，坊間也有不少規模較小的工作室或個人公司，雖然裝修成效不如大公司掌控來得有效率，不過人事成本不高，對接案的總金額不會太過堅持，即便是

請設計師配置傢具，可以讓空間風格更一致。圖片提供＿日作空間設計

如果沒有彈性時間監工，建議還是找設計師協助比較適合。圖片提供＿樂沐制作

低預算的案子也會接，尤其是剛創業的個人工作室，可以試看看。不過，還是一句話：「一分錢一分貨」，若是太低的預算想做太多裝修工程，小心沒有虧到設計師，自己反而被後續的追加費用嚇到了！

## Q97 在設計師的協助下裝修工程已完成，進入傢具採購可以要求設計師陪同挑選傢具嗎？需要額外支付費用嗎？

**A 可以，但要看合約如何擬定。**

要視合約而定。請設計師配置傢具的好處，就是可以讓空間風格更一致，不會因爲自己挑選不適合的傢具而破壞設計。大部分計師的收費都不含傢具、傢飾配置，除非設計之中包含訂製傢具或系統傢具的費用在裡面，若想要設計師陪同挑選傢具，最好事先說明，並且在合約中一開始就列出傢具與傢飾的預算，否則這部分的費用應該列在裝修費用之外。

## Q98 如果要更換管線，中古屋、老屋大概要花多少錢？

**A 一坪大約要抓 NT. 5～8 萬元，比較保險。**

裝潢中古屋，包含水電、建材等基礎工程應列爲最優先考量，基礎工程完成後，再來考慮裝潢，不論是中古屋或是老屋，房子的老化問題通常是要徹底解決最重要關鍵，否則可能發生才裝潢沒幾年，漏水、壁癌等房子結構性的狀況便一一浮現的窘境，到時再來打掉重作，不僅白忙一場，更耗時耗力。因此，裝修費大約要抓一坪 NT. 5～ 8 萬元，會比較保險。以下列出若要更換管線，水電工程所需的費用：

## 水電工程所需費用

| 項目 | 價格 |
|---|---|
| 冷熱給水新增或位移、配管 | 每組約 NT.5,000 ～ 5,800 元 |
| 排水新增或位移、配管 | 每組約 NT.1,800 ～ 2,200 元 |
| 開關插座新增或位移、配管 | 每口約 NT.900 ～ 2,000 元 |
| 電視、網路出口線（至來源端配線） | 每口約 NT.1,300 ～ 2,800 元 |
| 燈具迴路及開關新增或位移 | 每迴約 NT.1,800 ～ 2,200 元 |
| 衛浴安裝（不含設備） | 每間約 NT.5,000 ～ 8,000 元，主要爲馬桶、浴缸、洗臉盆、龍頭、毛巾桿、化妝鏡、檯面等 8 件設備的安裝 |
| 其他零件配件安裝 | 每個約 NT.300 ～ 500 元 |

※ 以上表列爲參考數值，實際情況依各個案例狀況有所調整。

一般拆除工程費用如果是全部發包，都會包含清運和搬運的費用。圖片提供＿南邑室內設計事務所

## Q99 拆除工程費用比想像中高，清運費用要另外計價？

**A 拆除後的廢料必須清理運走，傾倒在合法的廢棄物堆置場，一般以「車」爲計算單位。**

一般拆除工程費用如果是全部發包，都會包含清運和搬運的費用，但假如是點工形式的拆除，就不會有清運垃圾的服務。浴室、廚房是否整間全拆，以及地板有無需要拆除到結構體、壁面是否去皮都會影響報價，與設計師、廠商估價的時候，都需要再次確認拆除的詳細操作內容。

若預售時已做好客變，基本上不太會有拆除的費用，但會有保護的費用，另一種情況是微調格局，一道牆面的拆除，如果是點工發包，大約是NT.2,000～2,500元，透過發包會是NT.10,000元，差別在於搬運與清潔垃圾。超過15年以上的中古屋，屋況多半沒有新屋好，可能面臨光線陰暗或是格局窘迫的情況，因此多數會建議局部的格局重整，約莫占總預算5～8％。

## Q100 新成屋不用整理老舊管線，裝修費用會比較便宜？

**A 新成屋的最大優勢，就是衛浴及廚具設備都是新的，不必再花錢添購，裝修費用勢必會便宜許多。**

因爲在裝潢中，衛浴、廚具設備的花費，動輒十幾萬，的確占很高的比例，而且現在建商提供的配備都有一定水準，除非必要，這兩個部分的設備可以不用更換。此外，盡量不要更改廚房與衛浴的位置，可省下遷移管線的費用。只要更改格局，勢必增加拆除、泥作、清潔以及管線變更的費用。所以，新成屋最省錢的方法，就是不更動廚衛，不改格局。更進一步來說，如果不是因爲特殊需求，連建商給的地板材，都可全部保留，省下更多費用。

## Q101 中古屋、老屋的裝修費用是否比較高，該如何抓裝潢費用才合理？

**A 中古屋、老屋的裝修費肯定比新成屋高，中古屋一坪先抓 NT. 5～8萬元做好基礎工程才合理，老屋一坪要抓 NT. 8～10萬元左右才合理。**

中古屋及老屋會有很多問題，尤其屋齡愈老的問題愈大。一般來說，15年上的中古屋，若還要居住超過10年以上，則建議除了管線必須更換之外，像是門窗及衛浴、廚房最好也全部換過，用起來才會安心。光是這樣，則裝潢費用大約一坪也要 NT. 5萬元以上。另外，若遇到隔間需要更動的情形，以及地坪須全新更換的話，則室內裝潢費更上漲至一坪 NT. 6～8萬元，才比較合理。

若是超過30年以上的老屋，由於還有壁癌、漏水、管線老舊或採光、格局不佳，以及動線設計不良等等問題。以台北市爲例，如果情況複雜，必須大改與更動管線的老屋，一坪的裝修費用大概得花 NT. 8～10萬，因爲包括拆除、泥作、預算中費用較高的部分。不改隔局的話，也要花大約在 NT. 6.4～8萬之間。但在裝修時，把預算花在基礎工程上，絕對是件好事。因爲風格、氣氛的營造，可以靠傢具、佈置完成，但看不到的基礎工程，才是讓房子可以住得長久的關鍵。

中古屋及老屋會有很多問題產生，尤其屋齡愈老的問題愈大。圖片提供_日作空間設計

將預算底限眞實告知設計師，再請設計師依此預算提出建議。

## Q102 很喜歡設計師的規劃，但是估出來的費用和預算差太多，該怎麼辦？

**Ⓐ 替換建材或排出裝修優先順序。**

若屋主沒有先行告知預算底限，一般設計師都會以其作品的完整性爲考量，以最完整的設計來估價，所謂完整的設計包含設計師心目中的理想材質、設備及格局配置。如果設計師估算出來的費用與預算相差太多，第一要先檢視所找的設計師是不是通常都做高價的設計，有些設計師擅長豪宅規劃，若接案價格眞的差太多，設計師也無法接受預算過低的設計。但若找的設計師接案不拘泥於預算，那可以和設計師討論，將預算底限告知設計師，再請設計師依此預算提出建議，看是要調整建材換較便宜但效果接近的材質，還是調整格局配置不要動到動線或拆除，甚至可以請設計師列出裝修優先順序。

## Q103 手邊的資金只夠局部裝修，若用分次裝潢的方式完成，是否可行？

**Ⓐ 用時間換取金錢。**

採取分次裝修的概念來裝潢，是資金不足時，變通的好辦法．但是裝潢的時候，一定要把最重要的基礎硬體工程（必要的水電與拆除）做好，等到日後有錢時再逐步將傢具、傢飾燈飾補齊，這樣等於是把裝修的錢，用分期付款的方式，分階段完成，不失爲一種解決方法。

## Q104 工班包括什麼？費用怎麼算？

**A 連工帶料，或是工、料分開。**

所謂的「工班」，是將一般室內工程分類，如木工、窗簾、壁紙、油漆、泥水、水電等，各自有專人去處理。而這裡指的工班，是指室內工程工班，也就是由木工師傅、泥水師傅、水電師傅一起組成的團隊，且有一個統籌的窗口去聯繫及溝通，甚至收款去支付下游廠商的費用等等，我們都叫他爲「工頭」。

至於工班的費用計算，通常都依不同工種來計費，有的以連工帶料的方式來計算，也可以用工、料分開的方式來計費，這種作法，比較適合有時間監工，也懂得如何監工的人。如果是一般上班族，可以找一個工頭，統包全部工程，不僅可以幫你找齊各個工種，也可以幫你監工。

## Q105 若想全屋裝修，找單一工班統包較好，還是找不同工班較省？

**A 建議找單一工頭做窗口比較好。**

工班通常會有習慣合作的夥伴，只要找到其中的工頭，還會負責監工，並幫忙找其他工班，這樣可以省下監工的費用。除非自己對工班非常熟悉，也了解各個工班的品質與收費方式，並且有時間與專業可以自行監工，否則不建議各別尋找單一工班來施工。工班之間的合作，往往必有默契，各工種的銜接也有一定的時間表，如果是不熟悉的工班，所有的聯繫都得靠自己，很可能會因此延宕工程的進度。

## Q106 中古屋是依空間分包工程裝修比較划算呢？還是全屋一起做比較省呢？

**A 整個空間一起做比較划算。**

這個問題通常會發生在中古屋。由於中古屋的整修往往要支付一筆不小的費用，必須先把硬體設備先處理好，像是水電、管路等等，才能再進行軟體的傢具及收納工程。一般而言，裝潢費用大致分爲料、工、費，這三大區塊。所謂的「料」指的是材料，像是大理石、木地板等等；「工」指的是工資，像是請一個工人的費用；最後才是「費」，像是運送廢材的費用、設計師的費用……等等。

以材料來舉例，叫得愈多，價格比較容易下降，反之，叫得少只能用公定價計算。至於工，一個工人的工時費以天來計算，即便他拆一個櫥櫃或釘一個櫃子，都算一天的錢，當然，做得愈多愈划算。另外，費用支出的部分，車子運費跑一趟就要NT.3,000～5,000元，若分開跑，費用當然更高。若是預算還可以應付，建議最好整個空間一起做，會比較划算，而且用料上也較能統一。

中古屋的整修往往要支付一筆不小的費用，才能把硬體設備處理好，建議整個空間一起做比較划算。圖左爲裝修前，圖右爲裝修後。圖片提供 _ 日作空間設計

## Q107 若自己找工班裝修，連工帶料較省，還是工、料分開較便宜？

**A 必須視情況而定。**

找工班有兩種計費方式，連工帶料對一般人來說較省事，尤其對於沒有太多時間比較建材價格與品質的人說，這樣比較方便。工、料分開的方式，就是自己找建材，然後請工人來施工，建材價的費用實報實銷，工人的費用就以一天工資多少錢來計算。如果自己找的建材價格比工班建議的便宜很多，工、料分開的方式就會比較便宜。舉例來說，拋光石英磚的發包製作，連工帶料的價格是一坪NT.8,000元，若自己買材料、工人貼，可能1坪省下NT. 500元，但繁瑣的點工點料過程不但賠了自己的時間，沒有專業人員全程監工，完工品質不一定比較好，反而不划算。

另外，某些特殊建材，像是大理石，或者廚房的人造石，必須由經驗老道的師傅才能完成，建材商找工班，以連工帶料方式進行，比較划算，也不易出錯。

## Q108 如果找工班，是否需要再另外付工頭監工費用？

**A 不用。**

監工費多發生在與設計師的合作，如果是自行找工班，監工費用都已包含在報價裡了，不用再另外付給工頭監工費，雖不用再付監工費，但爲了拉攏工班，屋主可以施點小惠給工頭，或是在裝修期間多去探班，順便帶些飲料慰勞工頭及工班，人家也會願意多做些，千萬不要有付錢就是老大的心態，若態度不佳會造工頭及工班的反感，反而得不到任何好處。

## Q109 自己找工班，如何讓費用不追加？

**Ⓐ 盡量不要讓工人加班，費用就不會增加。**

如果自己的確有時間與能力監工，通常單一工程發包，工、料分開是最經濟的裝修方式。因爲材料費實報實銷，建材可自行採購，若工班有長期合作的廠商，且因大量採購，說不定費用比自己親自採買更便宜。

每個工種的計費方式，也有一定的行規。如果以工作天數來計費，假日（一般大樓假日不能施工）或超過工作時間的工資都會較高，盡量不要讓工人加班，費用就不會增加。油漆工程，有時並非以工作天計算，而以坪數計費，事前可確認以工作天計費較便宜，還是以坪數計價較划算。若是以坪數計價，必須注意，櫃子等立體面的油漆，並非以一個平面計算，而是四面或六面（視頂部與底部都需上漆而定）。找工班施工，事前將計費細節討論好，並在合約上註明費用計算方式再簽約，可避免追加費用及無謂的糾紛。

## Q110 市面上估價單的格式那麼多？哪一款估價單對我來說比較有保障？

## A 工程款條列分明並有預估價格。

找了好幾家設計公司，其所提供的估價單都長得不一樣，甚至每個工班拿給你的估價單有長的、短的，不一而足，實在叫初次裝潢的人無所適從。其實正式的估價單，應該以每項工程，像是拆除、泥作、木工、水電、油漆、鐵件、鋁窗、空調、燈具、傢具採購、五金配件、玻璃工程、清理工程、廚房、衛浴等，林林總總共10多項，有的甚至高達20多項，且在每個工程下，都應該附有明細說明，並註明每一項的預估金額等等。例如：拆除工程裡，有拆牆的費用、拆櫃的費用、運用廢棄物的費用……等等。但是無論估價單怎麼變，只要掌握一個原則，就是針對估價單的每個明細都充分了解，動口問清楚，若是怕未來的權責不清，建議最好黑字白紙寫清楚，彼此簽名蓋章。

### 安心成家小叮嚀

**注意估數量與單價**

估價單上的「單價」，一般有2種算法，一是單純材料及工資費用（連工帶料），另外一種則是將監工與設計費含在其中，這種算法價格就會比較高，大概會高出2成。至於「數量」，若屋主有疑惑，可要求設計師或工班實際丈量，說明數量的估算方式，即使某些材料有特殊單位，也可當場溝通清楚，避免後續糾紛。另外，估價單所列工程金額小計皆爲未稅，還要再加上5%營業稅。

****設計開發有限公司**

台北市民生東路2段141號8樓

TEL:(02)25007578 FAX:(02)25001916

工程預算 ESTIMATE

客戶：葉先生 工程地址：

報價日期： 年 月 日

| 項目 | 品名 | 單位 | 數量 | 單價 | 金額 | 備註 |
|---|---|---|---|---|---|---|
| 一 | 拆除工程 | | | | | |
| 1 | 木作櫃子拆除 | 式 | 1 | | | |
| 2 | 木地板拆除 | 式 | 1 | | | |
| 3 | 前浴砌磚拆除 | 式 | 1 | | | |
| 4 | 後浴室衛浴拆除 | 式 | 1 | | | |
| 5 | 後浴室磁磚拆除 | 式 | 1 | | | |
| 6 | 廚具拆除 | 式 | 1 | | | |
| 7 | 木作牆拆除 | 式 | 1 | | | |
| 8 | 房間門框門片拆除 | 式 | 1 | | | |
| 9 | 後浴室天花板拆除 | 式 | 1 | | | |
| 10 | 廢棄物拆除清運車 | 式 | 1 | | | |
| 11 | 鋁窗拆除 | 式 | 1 | | | |
| | | | | | | |
| | | | | | | |
| 二 | 水泥工程 | | | | | |
| 1 | 浴室水泥打底 | 式 | 1 | | | |
| 2 | 浴室防水工程 | 式 | 1 | | | |
| 3 | 浴室貼磁磚工程 | 式 | 1 | | | |
| 4 | 浴室拆除部份水泥修補 | 式 | 1 | | | |
| 5 | 配管線部份水泥修補 | 式 | 1 | | | |
| 6 | 陽台水泥打底 | 式 | 1 | | | |
| 7 | 陽台防水工程 | 式 | 1 | | | |
| 8 | 陽台貼磁磚工程 | 式 | 1 | | | |
| 9 | 鋁窗拆除部份水泥修補 | 式 | 1 | | | |
| | | | | | | |
| | | | | | | |
| | | | | | | |
| | | | | | | |
| | | | | | | |
| | | | | | | |
| | | | | TOTAL | | |

總額：新台幣： 佰 拾 萬 千 佰 拾 元整

若是在估價單上只有看到標明「一式」，必須要請工班或設計師說明單價與明細。圖片提供＿漂亮家居編輯部

## Q111 估價單有的用工程項目計價，有的用客廳、餐廳等計價，哪一個比較好呢？

**Ⓐ 沒有好不好，重點在於你了不了解工程內容。**

估價單是裝修中一門學問，想要避免估價單中的陷阱，首先要了解估價單的估價方式。現在市面上的估價方式分爲用工程順序和區域性估價。

1. **按工程順序來估價：**按照工程進度的施工順序，逐條列出施工內容所需的費用，如拆除工程、泥作工程、水電工程、木作工程等，讓屋主清楚地知道錢花在哪裡，花了多少。優點是每項花費都十分清楚明瞭，缺點是一般消費者難以了解，因爲一個空間需求，可能是四個工程款的局部加總，所以很難說出到底這個空間花了多少裝修費用。

2. **按區域估價法：**是照各個空間區塊的施工花費進行估價，如客廳、餐廳、主臥室的價格分別是多少錢。優點是你馬上可以看得懂設計師的報價，缺點是有可能裡面的價格其實是重複報價，而你不知道，所以每一項花費都要問得很詳細才行。

設計師的工程及設計費多半已經包含空間的美感規劃，所以最後成品會比工班施工來得美觀。圖片提供_樂沐制作

## Q112 設計公司、裝潢工程公司，以及工頭給我的估價單中間的差異在哪裡？有什麼是必須考量進去的呢？

**Ⓐ 價格、美感及後續保固問題。**

假如有機會接觸些施工單位不同窗口，並要求對方拿出估價單給你，你就會發現中間的差異性很大。基本上，有規模的設計公司與裝潢工程公司所開出來的估價單，多半按工程順序來估價的作法，是按照工程進度的施工順序，逐條列出施工內容所需的費用，並在最後會多列一筆設計費及監工費用的產出。但若是工班或是工頭的報價方式，可能寫得比較簡略，像是浴缸一個多少元、馬桶一個多少元、工資多少元等，有的工頭甚至只寫「浴室整修一式」，然後就寫上總金額，什麼明細都沒有，這時你就要小心點，要不問清楚或寫清楚，否則未來的責任釐清很麻煩。不過，由於你要負責監工及說明施作的尺寸及高度，因此可以省去設計及監工的費用。

此外，設計師的工程報及設計費多半已經包含空間的美感規劃，所以最後成品會比一般工頭施工來得漂亮、美觀，而且會有後續保固一年的保證。至於找工頭的話，除非他本身也有設計的概念，不然大多是照你講的做，並不會有太多美感在裡面。而且工班施工，除非之前有說好提供多長時間的保固，不然大多是做完了事，也沒有後續的保固服務。這點必須要考量。

**安心成家小叮嚀**

**天花板選用板材修飾**

中古屋或老屋的天花板常有凹凸不平、不易粉光的問題，此時可選用板材修飾就能讓天花板亮麗如新，板材修飾還能埋燈座、藏燈管、冷氣冷媒管線、電線等管線，讓管線不會出現在生活空間的視野中，室內規劃看起來也會很乾淨。

## Q113 我家走的是極簡風格，爲什麼天花板的費用還是很高呢？

**A 要看選用的建材及設計而定。**

天花板的價格從NT2,000元～7,000元不等，甚至更高，光是材料就有價差，看你選的是一般的夾板，還是矽酸鈣板。矽酸鈣板是天花板設計常見的用料，較不吸水也不易產生變形，分爲高價位的日系品牌或非日系品牌，價差可能就差到1倍以上了。另外，天花板的價格也會隨著

只要你想得到必須動到木工師傅手工製作的，都算在木作工程裡。圖片提供＿南邑室內設計事務所

造型變化增加，極簡風格強調線條的簡單俐落，看似幾乎沒什麼線條的空間，其實花費了很高的木作成本、時間。

## Q114 木作工程包含了哪些項目？收費方式有何不同？

**A 隔間、壁面造型、收納櫥櫃、天花板。**

木作工程包含了固定式隔間、壁面造型、收納壁櫃等，櫥櫃部分又因製作方式的不同，分為木工製作、系統櫃、工廠訂製，價格依設計款式、使用材質而定，一般是以「尺」為計單位。此外，天花板的工程由木工師傅在現場製作，因此也有人將天花板工程列入木作部分，以「坪」為單位計價，收費依使用材質、施作困難度來調整。另外，像是拉門、壁爐、簾盒、架高窗台、木作傢具……等等，只要你想得到必須動到木工師傅手工製作的，都算在木作工程裡。

## Q115 使用系統櫃一定比木作來的便宜？怎麼計價？

**A 不一定，要看櫃體複不複雜而決定。**

一分錢一分貨，即使是強調價廉物美的系統櫃也不例外，便宜的系統櫃雖然價格便宜，但品質可能就沒法兼顧。事實上只要不是造型過於複雜、垂直水平的木作，因為手工較為簡單，且沒

### 木作傢具和系統傢具的比較

| 比較差異 | 系統傢具 | 木作傢具 |
| --- | --- | --- |
| 基本材質 | 進口塑合板（防潮耐火低甲醛無公害） | 木心板或實木 |
| 表面處理 | 德國原廠處理（耐磨耐刮耐高溫易清理） | 噴漆處理或貼美耐板或塑膠板（顏色多元化） |
| 五金配件 | 原廠進口五金（價格較貴且功能性強，使用期限長，但要注意維修年限是否還有零件可更換） | 國產五金（價格較便宜，零件取得更換容易，但使用期限不長） |
| 品質 | 工廠量產，品質穩定 | 木工師傅視現場施作，看個人技術而定 |
| 空間規劃 | 配合空間量身訂作，但形式變化不大，且有 240 公分的限制 | 完全依據施作，變化多且彈性大，形式多元化 |
| 施工期 | 工廠生產 5～7 天；現場施作 2～3 天 | 依現場空間施作量排定工期表 |
| 計價方式（以衣櫃爲例） | 一尺 NT.5,500 ～ 6,500 元 | 一尺 NT.4,500 ～ 8,500 元（不含油漆） |

※ 以上表列爲參考數值，實際情況依各個案例狀況有所調整。

有曲線與特殊造型，其實報價並不會太高，反而會低於系統櫃。但必須注意的是，優質系統櫃其實比木工貴得多。

**安心成家小叮嚀**

**防水含在泥作工項**

防水工程大多用在衛浴或陽台的泥作工程裡，一般施作一米以上、兩層以上爲基礎，依高度、層數而定。工資包含材料錢，以坪數計價約一坪NT6,000～15,000元。

## Q116 泥作工程包含了哪些項目？收費方式有何不同？

**A 範圍涵括了室內所有會動用到水泥的部分。**

泥作工程是空間裝修的基礎工程項目之一，範圍涵括了室內所有會動用到水泥的部分、地面或牆面整平等，最常見的是浴室更新，像是貼地磚或壁磚等等。事實上拆除工程結束後，所需的修補也歸屬於泥作工程負責，例如：新架鋁或門的拆除處泥工填縫修補、浴室防水工程、磁磚水泥打底等。至於收費方式，大多用坪」來計算，像是貼磁磚、防水工程等等，也有的用「式」來計算，像是門或窗的拆除處泥工填縫修補等。

| 項目 | 價格 | 備註 |
|---|---|---|
| 老屋拆除原有磁磚後需粉光打底 | 一坪 NT2,000 ～ 2,500 元 | |
| 拋光石英磚 | 一坪 NT2.500 ～ 6,000 元左右 | 依產地價格有所不同，中國進口最便宜，其次是台灣製，歐美進口最貴。 |
| 貼磁磚工程 | 一坪 NT2,000 ～ 2,500 元左右 | |
| 國產磁磚 | 一坪 NT2,000 ～ 3,000 元 | |

※ 以上表列爲參考數值，實際情況依各個案例狀況有所調整。

「全套」是指完整的衛浴設備，如馬桶、洗手檯、浴缸或淋浴間。圖片提供＿日作空間設計

## Q117 想把半套衛浴改成全套，大概要準備多少錢？

**A 一間淋浴間最少請準備NT. 4～5萬元。**

所謂的「全套」是指有完整的衛浴設備，如馬桶、洗手檯、浴缸或淋浴間；所謂的「半套」衛浴，指的是僅有馬桶及洗手檯，並沒有淋浴設備。有的房子除了主臥室的衛浴外，公用衛浴只有半套。因爲家中人口較多，必須將公用衛浴也改成全套，這時候會牽涉的工程包括拆除、泥作以及磁磚重鋪、添購浴缸的費用。

一般來說，這裡的拆除指的是牆面磁磚的去除，拆除費在NT.10,000～NT.15,000元左右（此價格不含垃圾清運費）。磁磚重貼費用一坪大概需要NT.2,500～3,500元（前述金額不含磁磚材料，加上磁磚一坪約NT.8,000～12,000），非按摩式浴缸從NT.5,000～NT.100,000元不等。此外，還

| 產品 | 類別品項 | 價格 |
|---|---|---|
| 面用龍頭 | 國產 | 一件NT.3,000元起 |
| | 進口 | 一件NT.18,000～35,000元起 |
| 浴用龍頭 | 國產 | 一件NT.4,000元起 |
| | 進口 | 一件NT.15,000元起 |
| 花灑 | 國產 | 一件NT.10,000元起 |
| | 進口 | 一件NT.70,000元起 |

※ 以上表列爲參考數值，實際情況依各個案例狀況有所調整。

要管線移位、重配的費用，一組約NT:3,500～5,000元。若是淋浴組的話，有龍頭及花灑設備，用國產產品也要數千元以上，若用好一點的進口產品，更高達上萬元。

## Q118 地板工程包含了哪些項目？價格怎麼計算？

**A 主要是木地板、特殊地坪施作。**

計價方式多半是以「坪」爲主。另外，地板材質是影響工程報價的主因。例如：實木地板的價格爲一坪NT:5,000元，而海島型木地板約一坪NT:3,500～7,000元，材質不同，則報價就差很多，要特別留意。

地板材質是影響工程報價的主因。圖片提供_樂沐制作

## Q119 什麼是PVC地板？眞的很便宜嗎？

**A PVC地板很便宜，價格約在一坪NT:2,000元以內。**

PVC地板就是一般大家掛在嘴邊的塑膠地板，早期房子銷售時都是鋪仿木紋的PVC地板，經濟實惠，也是商業空間、公共空間的主要地板用材。在價格部分，PVC地板確實是所有地板產品中最便宜的選擇，若不挑選或講究，一坪NT:1,000元以下的也有。像是石紋、竹紋與木紋類PVC地板，價格約在一坪NT:2,000～4,000元；金屬類，呈現出鋼鐵板材的紋路與樣貌，一坪價格則在NT:2,600～4,000元。不過，不建議在居家空間使用。

### 各種地板的特色比較與價格分佈

| 類別 | 特色說明 | 價格分佈 |
| --- | --- | --- |
| **實木地板** | 整塊原木製作，能呈現出木地板最原始的眞實特色，質感最佳，像是柚木實木地板較普及接受、檜木地板是目前最昂貴的木地板 | 一坪 NT.5,000 ～上萬元都有 |
| **海島型木地板** | 以特定的基材搭配實木表面層製作而成的，具有抗潮、不易變形的特性，適合潮濕的環境 | 一坪 NT.3,500 ～ 7,000 元 |
| **竹地板** | 以竹子作爲表面層，可依不同需求而有不同的紋路及顏色，穩定性佳 | 一坪 NT.6,000 ～ 12,000 元 |
| **軟木地板** | 軟木地板就是以軟木爲材料，經由高科技的工藝加工技術製成的，鋪設方式有鎖扣與黏式兩種 | 一坪 NT.8,000 ～ 10,000 元 |
| **戶外地板類** | 像是鐵木及南方松，適合用在室外，具有防腐特性 | 一坪 NT.12,000 ～ 18,000 元 |
| **PVC 地板** | 最便宜的塑膠地板，但不建議用在居家空間 | 一坪 NT.2,000 ～ 4,000 元 |

※ 以上表列爲參考數值，實際情況依各個案例狀況有所調整。

# Q120 磐多魔地板看起來和 EPOXY 地板很像，兩者有什麼分別？怎麼計價？

**A 磐多魔地板特色爲抗汙耐和無接縫，EPOXY 適合局部使用，可添加材料來達到防腐、耐酸、抗電等效果。**

磐多魔地板以水泥爲基材，不僅可使用於地面，也可運用於牆面與天花板，色彩可任意調配，視空間的風格來選用所需要的色系，優點爲施工期短、抗汙耐髒和無接縫。價格約爲一坪 NT.13,000元上下（小坪數會更貴，因爲有基本價）。

EPOXY 會看起來亮亮的，適合局部使用，每平方公尺約 NT.300～700元。EPOXY 地板最早是出現在工業空間、商業空間，而後才在住家空間紅起來，施作方式分爲底層塗佈、流展面漆塗佈等兩道工。

1. **底層塗佈：**依規定比例混合材料並攪拌約半分鐘，再用橡膠推水器或滾輪毛刷塗飾均勻，時間約十小時。

2. **流展面漆塗飾：**依規定比例混合材料並攪約半分鐘，再與骨材拌合約一分鐘，以材料耙依規定厚度下料均勻，隨後以消泡滾筒將空氣釋出一直到展平爲止，時間約需72小時。EPOXY 地板可因應環境需要而添加材料來達到防腐、耐酸、抗電等效果，具有耐磨、耐壓、止滑的特性，顏色多樣可依空間風格來調配。

# Q121 師傅一直推薦用礦物塗料，但是價格感覺有點貴，礦物塗料的優點是什麼？

**A 以礦物爲主要原料，無毒無甲醛。色彩飽和度高、不易褪色。**

礦物塗料最大的特點在於，不同於一般塗料需透過樹脂等化學接著劑讓塗料附著於基材上，而是以俗稱「水玻璃」的「液態矽酸鉀」爲基底，加上「天然礦石色粉」溶合所調和出的天然塗料；礦物塗料能直接與礦物基材，例如：水泥牆、石牆等，產生矽化作用而永久結合；由於塗料色彩天然，穩定性高，使用在室外或建築物等戶外空間時，即使暴露在高紫外線、潮濕酸雨環境中也不易因天候影響產生褪色、脫落等異變，因此礦物塗料早期被畫家或藝術家使用在壁畫、彩繪建築物等，能經歷百年時間牆面色彩仍歷久彌新，且礦物塗料顏色多種，遮蓋性及透氣性好。

也因爲礦物成分含有穩定因子，有耐高溫、耐潮濕、不易褪色的良好特性。除此之外，礦物塗料主要成分爲天然礦石，不含甲醛、塑化劑及合成樹脂等化學材料，塗刷後不會產生過敏或有害健康的揮發物，對於重視環保、健康的現代人而言，是不錯的選擇。但由於台灣並無礦物塗料的明確規範，依照歐盟的規定，礦物塗料的VOC含量需小於30 g/L，美國則需小於5 g/L，有部分市售的礦物塗料號稱天然，但大多的礦物塗料在200 g/L。因此，在挑選礦物塗料上，需謹慎注意標示成分。

**安心成家小叮嚀**

**需謹慎注意標示成分**

由於台灣並無針對礦物塗料訂定明確規範，市售部分礦物塗料仍會添加有機物，因此挑選時要注意有機化合物的含量標示。

油漆工程的報價會依使用的漆料種類、工序的繁複要求等調整。圖片提供＿樂沐制作

礦物塗料以礦物爲主要原料，無毒無甲醛。圖片提供 _ 樂沐制作

## Q122 設計師都用「坪」來計算油漆，要怎麼抓出家中該用多少罐油漆？

**A 一加崙油漆可漆8～10坪左右，但也須考量油漆的遮蓋性。**

除了油漆費還必須計算工時。油漆工程的估價方式採以「坪」來計價，工序部分包括批土、底漆、面漆，整體報價會依使用的漆料種類、工序的繁複要求等調整，普通的水泥漆行情約一坪爲NT.1,000~1,500元（連工帶料），但油漆的施作除了牆面外，也有包括木作櫥櫃的表層、內裝處理，工程報會因櫥櫃面積再往上升。所以只是把坪數換算成用多少罐油漆，並不盡合理。大致來說，一加崙的油漆（一加崙約4公升）可塗刷8～10坪左右。

## Q123 若找設計師作統包，包括傢具，則軟體與硬體預算如何分配？

**A 建議五分之四硬體裝修，五分之一花在傢具與傢飾的採買上。**

在傢具與傢飾的採買上。如果打算一次就把房子的硬體裝修與傢具、傢飾佈置等軟體裝修全部完成，在預算的控制上，除非原本就想以傢具裝修爲主，否則，建議五分之四做硬體裝修，五分之一花在傢具與傢飾的採買上。也就是說，若打算花NT. 100萬元裝修，其中NT. 80萬元必須用於硬體裝潢，NT. 20萬元則是傢具與傢飾的採購。事先規劃預算分配，免得等到裝修完成，才發現沒錢買傢具。

吊隱式冷氣的優點是只留出風口，不會影響到室內風格及設計。圖片提供_日作空間設計

## Q124 空調施作包含了哪些項目？

**A 空調工程的費用分爲「機器設備」與「施工費用」。**

空調可分爲吊隱式與壁掛式，空間較大或者非正方形的空間，較適合吊隱式的規劃設計，利用較多的出風口達到冷房效果，但工程較複雜。一般壁掛式空調是房間最理想的選擇，出現的費用會有基本安裝費，以及施工埋管費用，值得注意的是，室內機的冷媒管到室外機之間的長度，若超過基本米數的長度（冷氣的冷媒管在20米以內都不需要額外收費），預算就相對增加，因此要事先測量好才行。

另外，有些空調本身要訂製集風箱與風管、出風口、迴風口的規劃，因此需要天花板的木作配合。施工部分則分爲木作包覆與水電埋管。一般來說，吊隱式的工程較多，還要配合木作天花，因此施工費用較高。

## Q125 冷氣有分壁掛式、窗掛式、吊隱式，會有裝修上的價差嗎？

**A 冷氣的價格決定於品牌及機型，還有安裝費用，品牌及機型視個人喜好而定。**

冷氣的安裝方式則包含壁掛式、掛式及吊隱式，一般老式的建築都以窗掛式多，其最大的優點是冷氣的機種較便宜，不管是哪個品牌都一樣，且安裝較爲簡單，不過安裝時要注意冷氣的封邊，沒處理好時，很容易造成滲水，還有冷氣直接外露，視覺上也較不修飾；壁掛式冷氣是一對幾的方式，分室外機及室內機，較新的建築物現在都不太做冷氣窗，壁掛式就成了多數人的選擇，壁掛式如果不做修飾直接掛在壁面，安裝費用比窗型高些，但也因爲不做修飾，直接外露常與室內風格違和；吊隱式則是現在設計師多數會推薦的安裝方式，優點是只留出風口不會影響到室內風格及設計，但因爲吊隱式冷氣安裝得考慮到室內機及管線、高度等，在安裝費用上平均要多貴上NT6,000～10,000元，且最好做天花板將管線隱藏起來，雖然費用較高，卻可以結合室內整體風格。

**安心成家小叮嚀**

**別急著做到滿**

裝修過程中，如果環顧四周覺得有點空想要加做，建議別急著追加，等實際入住後再決定否有加做的必要，光用看的可能會覺得空，但擺上傢具、傢飾品就不會了。如果入住後還是覺得空，有些物件一定要訂製，用系統傢具或活動傢具替代就可以解決，不需要在裝修中追加預算。

## Q126 設計師跟我請領工程趕工費用，我該付嗎？

**A 因工程進度控管不佳而導致工期延宕，不應由屋主負擔費用。**

針對工期天數，有的設計師在合約書中會標明施工進度，屋主必須請設計師逐步說明，了解施工的狀況，並掌握施工的日期，避免突發狀況產生。造成工期延宕須趕工施作，應先確認原因，若是因工程進度控管不佳而導致工期延宕，還是請設計師或施工單位協調處理，不應由屋主負擔費用。

## Q127 完工後的保固期間，任何維修都是免費的嗎？

**A 要視情況而定，若是屋主人爲因素，必須要付維修費。**

裝修完畢交屋後設計師多會給予屋主一至二年的保固期，端看合約如何簽定。不過，在這段期間，設計師都會負責維修的工作，保固的項目通常只限於自然使用狀況，非人爲故意的損壞，因此，東西一旦壞了，就必須釐清是設計師的建材挑選問題，還是屋主自己使用不當的情形，自己弄壞的，可能就必須承擔維修費用，細部小零件設計師可能會免費換裝，但是一些大件的建材，設計師會協調屋主分擔部分費用。一旦過了保固期，而且又是屋主使用不當，這時想再要求設計師免費維修，設計師也可以不予理會的，這完全要看設計師與屋主的互動而定。

建議別急著追加裝潢預算，等實際入住後再決定否有加做的必要。圖片提供＿樂沐制作

裝修完畢交屋後設計師多會給予屋主一至二年的保固期，端看合約如何簽定。圖片提供 _ 日作空間設計

# STEP 3 簽約時該注意什麼？

## Q128 何時該簽設計約？何時該簽工程約？

**A 委託設計師進一步規劃時簽設計約，簽完設計約，若決定委託設計師施工，接著要簽工程約。**

通常是在雙方己就格局取得共識，委託設計師做進一步規劃時，才正式簽約。

簽完設計約，若決定委託設計師施工，就一定要簽工程約，簽約內容要注意，在總工程款的項目中，各項工程的單價與數量計算是否合理，屋主在簽約前一定得先將這些內容仔細核對，設計費與工程監管費是不是包含在內，應訂明清楚。契約中應載明如果有任何工程的追加，一定需經過雙方書面同意，以免事後有任何追加付款時產生爭議。此外，其他如付款方式、施工時程、整體設計表現與驗收標準等項目，最好都能透過文字形成契約規範，成爲雙方共同的認知。

此外，也別忘了核定合約上簽約人的身分證或公司的大小章。

## Q129 和設計師擬約時，有哪些必須特別注意的事項？

## A 詳細閱讀合約，任何追加或變更都要入約，明訂付款比例與階段。

一份完整的合約通常包括了估價單、設計相關圖樣、工程進度表等各種附件，加上契約條款共同組成，這些附件都應該要標明尺寸、材質、款式及施工方法等，協助整個裝修過程順利進行。

**1.需有充裕時間閱讀合約：**爲能詳細了解簽約內容，合約書面不需要當天就馬上簽定，屋主有權逐一確認、檢視條款，再與設計師簽定，一般可以有7天的審閱期間；千萬別因爲是朋友介紹，而沒好好閱讀過合約就貿然簽字。

**2.任何追加或變更都要入約同意：**預算追加是屋主最擔心的問題之一，工程進行中難免會因爲實際屋況，或者屋主臨時更改設計而有追加的動作，無論是設計師或者屋主要變更設計，都要經過雙方書面同意後再進行，以免口說無憑日後付款時造成爭議，將「追加或變更都必須經雙方簽名同意，始能進行施工」列入合約條款中，之後才有釐清責任的依據。如果是與設計師溝通過，同意追加預算，增加裝修需求，就必須針對原有設計再做一次溝通。

**3.付款階段與比例應明訂：**工程付款有一定的階段：通常伴隨著「階段性驗收」來付款，分別在完成簽約、泥作、木工及完工後，一般常見付款比例爲3：3：3：1。每階段付款金額多少，必須要在合約中註明清楚，尾款通常在「總完工驗收通過」再付。且合約應該註明「各階段驗收無誤」才付款，免得在認定上出現爭議。

**4.監工合約要註明監工責任：**一般監工合約都會含在施工合約，但若工程不委託設計師發包，又希望設計師能負責監工，則要另外簽定監工合約，並註明監工責任及問題歸屬等，一般監工費爲總工程費的7～10％。

一般監工合約都會含在施工合約。 圖片提供＿南邑室內設計事務所

**5.合約要註明建材使用：**很多的裝潢糾紛案，都是雙方對於建材用料等級的認知不同所造成的。一般來說，居家裝潢經常是隨著施工進度，而調整部分用料或規格，如果要在契約簽定前，就確認所有建材用料等級、產地來源、規格大小等事項，實務上可能有些困難。不過這些細項工作的確定，與整體裝潢費用的報價息息相關，如果屋主有充裕時間能夠跟設計師逐項確認，並且把所有建材內容的規格，列在契約附件中作爲驗收的依據。還有，如果屋主擔心裝修的建材，可能是從別處拆卸下來的舊品或半新品，建議在契約中可特別註明新品的要求。

## Q130 和工班擬約時，有哪些必須特別注意的事項？

**A 簽約時要注意款項、工程單價與數量，以及其他條款的合理性。**

通常工班的估價單就等同於合約，所以施作內容一定要一開始就講清楚，最好是準備一份備忘錄，在施工過程中做確認。同時，當你認同了這張估價單後，並請工人來施工前，雙方一定要在上面簽名或要求對方在上面蓋上公司章以示負責，以免工程中發生問題不知找誰處理。不過，值得注意的是，工班不像設計公司會提供保固，日後有關維修部分都不負責，但有良心的工班工頭還是會三不五時關照一下。

**1.載明工項：**在一般固定的工程承攬合約中，必須載明的共有9項，依序爲工程範圍、工程材料、工程期限、付款方式、工程變更、工程條約、工程驗收、保固期以及其他事項，公司名稱、負責人資料也須清楚載明才有保障。

**安心成家小叮嚀**

**給予充足的裝修期**

裝修房子的細節相當瑣碎，時間太趕很容易發生糾紛，一般新屋最少也要30天，老屋就要至少60天才保險，若有設計公司答應可在短期內完工，最好再考慮一下，因爲施工得按部就班絕不可能一促即成。

2.**合理的工程單價與數量：**工程約總工程款的項目中，各項工程的單價與數量計算是否合理，屋主一定得先仔細核對，設計費與工程監管費是不是包含在內，應訂明清楚。契約中應載明如果有任何工程的追加，一定需要經過雙方書面同意。

3.**任何資訊皆要註記在合約上：**如付款方式、施工時程、整體設計表現與驗收標準等項目，最好都能透過文字形成契約規範，成為雙方共同的認知，若合併監工合約一起簽，要記得註明監工責任問題歸屬等。

通常是在雙方己就格局取得共識，委託設計師規劃，才正式簽約。

## Q131 簽約後，補圖還要再追加收費嗎？

**A 這時補圖通常是不用再收取費用的。**

一般而言，設計師會在簽約後開始繪製各式設計的圖面說明，如平面圖、大樣詳圖、透視圖、甚至3D效果圖等，以及大樣詳圖包括了水電開關、天花板及燈具、櫃體訂做空調配置、地板材料等。此外，設計師會針對狀況屋主的需求，提出另外細部圖面，例如：櫃體內部規劃、細部門鎖、五金配置等，其中還會再與屋主溝通以求圖的精準，而整份圖畫下來大約需要將近半個月至一個月的工作天，屋主拿到圖時，先確認有平面及立面圖後，再依據個人需求，檢視是否需要細部圖說的必要。

立面圖通常會有好幾份，因為各壁牆有櫃體施作都會繪製立面圖，如果屋主發現設計師附的圖說不夠完整，可請設計師補圖，除了透視圖及3D立體效果圖外，補圖通常是不用再收取費用的。

關於變更、追加設計及施工，應寫明估價程序，可避免工班擅自、任意變更或追加。圖片提供＿南邑室內設計事務所

但是若已施工了，才發現圖面設計不符合自己的需求，再跟設計師要求補圖，這時不只是要收圖面費用，連同施工的損失都一併要計算進去。

## Q132 工程合約裡有一條「未估價到或未施作部分再行加、減價金」，這樣是否會讓工班無上綱追加預算，該如何修改才不會有問題呢？

**A 要核對和施工圖上的項目是否相同，藉此儘早抓出漏項並再增補合約。**

在審查工合約的工程估價（單標、單施工細目表）時，雙方均有義務仔細核對抓出漏項。發現漏項後，施工費用的比例分攤，事前也不妨在合約記載清楚。關於變更、追加設計及施工，應寫明估價程序，可避免工班擅自、任意變更或追加。

萬一等到施工時，仍有遺漏的工程費用發生，則因按照總價承包的精神，是工班施工義務，但相關費用應按照雙方約定的比例分擔（例如：工班出4成，業主出6成的費用）。若施工途中有需要變更設計，工班應該先以書面告知業主並提供報價，等到業主回覆確定無誤，再施作追加。經過一定的程序來審核，就能降低費用任意追加的風險。

一般住宅的施工期約為 2 ～ 3 個月，材料的價差不至於會差太多。圖片提供 _ 南邑室內設計事務所

## Q133 物料建材在施工期間漲價了，設計師說中間差價要我付，合理嗎？

**A 不合理，應以合約爲主。**

基本上，以這種理由要求追加並不合理，通常還是應以當初簽定的合約爲主，因爲一旦簽定了工程合約，代表屋主已經付了預付款，設計公司應該備好相關材料。如果使用的是特殊材料或期貨材料，在一開始也要表明以結匯價格計算。一般住宅的施工期約爲2～3個月，材料的價差不至於會差太多，除非工程中間停頓超過3個月以上，物價有所波動，方再次協調合約的內容和金額，重新簽定合約。

**安心成家小叮嚀**

**設計圖不只有平面圖**

一般只是畫平面圖，設計師是不會收費的，但也有設計師會要求支付車馬費或丈量費，不過若是要求支付設計費，那就不必理會，因爲完整的設計圖，不只有平面圖，還有立面圖、施工圖，最少也要10幾套圖。

## Q134 應該在什麼時候和設計師提出中止合作關係？

**A 若設計師規劃的平面圖經過第二次修改還是無法讓人滿意，這時就要趕快喊停。**

也許是因爲不好意思或是怕自己提的問題不夠專業，很多屋主明明不喜歡設計師的設計或對設計師的規劃有疑慮，卻不敢提出反駁，等到要動工或已經完成了才說不喜歡，這對設計師也會造成困擾。會找設計師幫忙就是因爲自己不專業，所以不要怕提出問題，還要記住，生活在其間的是你，不是設計師，不必勉強自己去接受不喜歡的設計，只要態度誠懇設計師是很樂意接受提問的。

不要一開始就急著丈量，不妨跟設計師多聊幾次，透過設計師提供的圖片或實際去參觀設計師裝修的空間，了解設計師的想法，再來規劃平面圖。若規劃出來的平面圖經過第二次修改還是無法讓人滿意，這時就要趕快喊停了。

透過設計師提供的圖片，了解設計師的想法，再規劃平面圖。 圖片提供 _ 樂沐制作

STEP 4

# 有效談圖規劃空間

與設計師簽約之後才能進行其他圖面的繪製。

## Q135 與設計師的談圖流程爲何？

**A 接洽→了解初步預算→圖面繪製→進行圖面討論→簽定設計合約。**

**1.初步接洽：**設計師了解案件現況、需求、風格定位，並約時間至現場丈量，繪製原始平面圖。

**2.了解初步預算：**設計師了解屋主的實際預算，再爲其量身打造最合適的規劃。

**3.圖面繪製：**設計師依屋主的初步需求與現有的空間規劃，繪製平面的空間規劃配置圖。

**4.進行圖面討論：**設計師與屋主就平面圖的空間規劃與配置，進行充分的討論。但在尚未簽定設計合約之前，任何設計師或設計公司有權不提供任何設計圖給消費者留存或帶走。

**5.簽定設計合約：**設計師提出第一次溝通後的變更平面配置圖，及風格、色彩建議。若是商談沒問題，即可現場簽定設計合約。簽約之後才能進行其他圖面的繪製。

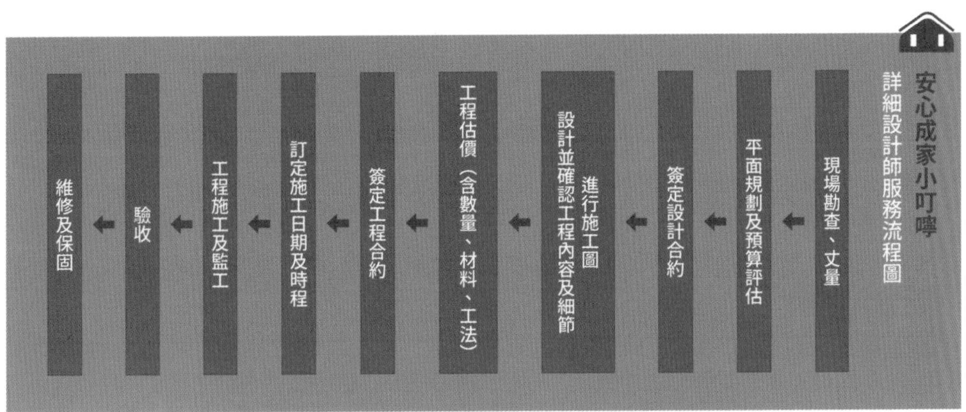

設計師先了解屋主的實際預算，再爲其量身打造最合適的規劃。圖片提供＿樂沐制作

## Q136 請設計師現場丈量是否要付費用？

**A 每一家設計公司的丈量計費標準有異，建議先問清楚。**

一般若只是丈量用來進行評估報告，是不需要付費的。當屋主需要把丈量與設計資料帶走時，就必須付錢。收費的標準多以每小時的工時加車資計算，每一家設計公司的計費標準有異。但是也有設計師會一開始告知，若再至現場丈量必須支付計程車資費用，關於這點，在第一次與設計師電話訪談或見面時，屋主最好先問清楚，以免發生糾紛。

每一家設計公司的丈量計費標準有異，建議先問清楚。圖片提供＿樂沐制作

## Q137 該不該一開始在與室內設計師溝通時就表明預算的底限？

**A 是的，可以省去許多溝通及預算規劃不足的問題。**

很多人第一次找設計師裝修，會擔心設計師開價，因此不肯說出預算底限，等設計師圖畫了，估價單也做好了，才表明自己的預算不夠，徒增困擾。建議找設計師前，可以多參考市面上家居相關雜誌、書籍、網站，從中找出符合設計預算與質感的設計師。好的室內設計師，可以在合理的預算內，用各種方法滿足屋主需求。一開始就向設計師表明自己的預算底限，除了讓設計師了解自己提出的預算是否合理，也可讓設計師針對預算提出可行的設計，節省溝通時間。有些屋主擔心自己給的裝修預算太少，其實每個設計師的定位與服務的客層不同，只要找到適合自己的設計師就可以了。

## Q138 和設計師談圖溝通前，可以先做什麼功課嗎？

**A 詳細而完整地將需求告知設計師。**

在釐清預算後，比較有方向知道自己可以怎麼篩選合宜的裝潢方式。屋況比較棘手的，像是屋況老舊，或是屬於瑕疵傾斜屋……等，建議優先委託設計師協助，因考量到修繕時會觸及結構工程面，委由專業設計師來做修繕較為理想。再者則是有充足預算的人，同樣也可以委託設計師做室內規劃，不只配置妥善的使用機能，也能賦予空間一定的美感風格。

在談圖的過程中，建議應該將需求告知設計師，例如：收納、傢具、風格、家電、建材、預算等，愈詳細而完整地告知，設計師更能掌握屋況，圖面設計會更精確。甚至可以將需求列成一張清單，請雙方簽名保存，可以更保障日後設計圖有依照需求做規劃。

詳細而完整的告知需求，設計師更能掌握屋況，圖面設計會更精確。圖片提供＿南邑室內設計事務所

## Q139 和設計師簽約後，可以看到哪些圖面？

**A 各家不一，但最少會有20張以上的圖面。**

設計圖不會只有平面圖而已，這只是方便屋主與設計師在初步溝通的工具而已，一般而言，會以平面圖再發展其成：系統圖、立面圖、剖面圖、水電、燈光、櫃體、空調、地板……等，最少也要20張以上的圖，有些設計公司爲了施工更爲精準，甚至可以出圖到70、80張。然而，多數消費者對於空間比較沒有概念，因此有的設計公司會提供3D圖，藉其模擬規劃後的視覺效果，讓屋主更能預先判斷每個細節的呈現。各家設計公司提供3D圖的部分，有的會收取費用，有的則不收費，在要求提供3D圖前記得詢問清楚，免得造成雙方誤會。

**安心成家小叮嚀**

**載明追加費更有保證**

合約可以載明，如果是簽這個「建築物室內裝修—設計委託及工程承攬契約書範本」，它有設計服務費多少錢，工程費用又爲多少，也可以定好追加多少，或先列好不加追。

工業風能讓裝潢從簡卻又能讓空間有設計感。圖片提供＿南邑室內設計事務所

## Q140 該如何選擇合適的居家風格？

**A 裝潢前全家人要一起蒐集圖片、參與討論，再決定整體調性。**

儘管室內居家風格包羅萬，但風格的決定極爲主觀，建議裝潢前全家人要一起參與討論，並廣爲了解各種風格的定義及適用性，隨時蒐集符合自己風格需求的圖片亦能幫助家人及設計師更了解你偏好的風格需求。以下提供三種常見的風格供參考：

**1.混搭工業風格：**工業風其實非常多元，除了一開始興起的Loft工業風、復古工業風，與最近較多設計師運用的美式混搭工業風等，將粗獷、簡約的工業風格，轉化成擁有多元面貌的獨特境界。通常工業風爲較少預算的屋主愛用，裝潢從簡卻又能讓空間有設計感。

**2.隨興歐美風格：**由於美式風與北歐風都走簡約路線，時常被拿來相提並論，但其實美式風多了幾分隨興與自在，很容易在居家看到美國自由奔放的影子；而北歐風除了簡約之外，通常以自然材質與輕鬆造型的傢具爲主軸，以及明亮、平靜、簡潔等氛圍，展現北歐人喜歡放慢腳步的生活情調。

**3.追求生活風格：**近幾年興起的無印風、自我風格等，其線條簡單的傢具造型，在空間上沒有特別需要強調的裝修語彙。而無印風其實是極簡風格的呈現；自我風格則是需要一些個人特色作爲佈置時的重點表現。

## Q141 平面圖該如何看？

**A 建議先找到入口位置，再依序找對應空間。**

很多人拿到平面圖不知從那裡開始看起，建議先找到入口位置。從入口位置出發，找到接下來的空間，像是客廳↓餐廳↓廚房↓主臥……等，循序比對每個區域在整體空間的位置。接著是了解空間之間的關係，每個區域空間的關係，例如：入口到客廳之間有個玄關，餐廳規劃爲客廳的一部分，廚房緊鄰餐廳，後面就規劃洗衣間；再來回頭看看主臥和公共空間的位置，或者小孩房和主臥的關係，有助於建構區域關係的概念。

從平面圖可以觀察各空間區域的比例大小關係。先找出核心區域，像是喜歡全家在客廳聊天看電視的，客廳比例就要大一些；習慣在家用餐或者在餐桌看書的，餐廳區域就寬一點。另外，平面圖上會標明跨距尺寸，也可從總長寬去對應了解各空間的尺寸關係。

可將開放式廚房利用中島吧檯結合餐廳與廚房。
圖片提供＿南邑室內設計事務所

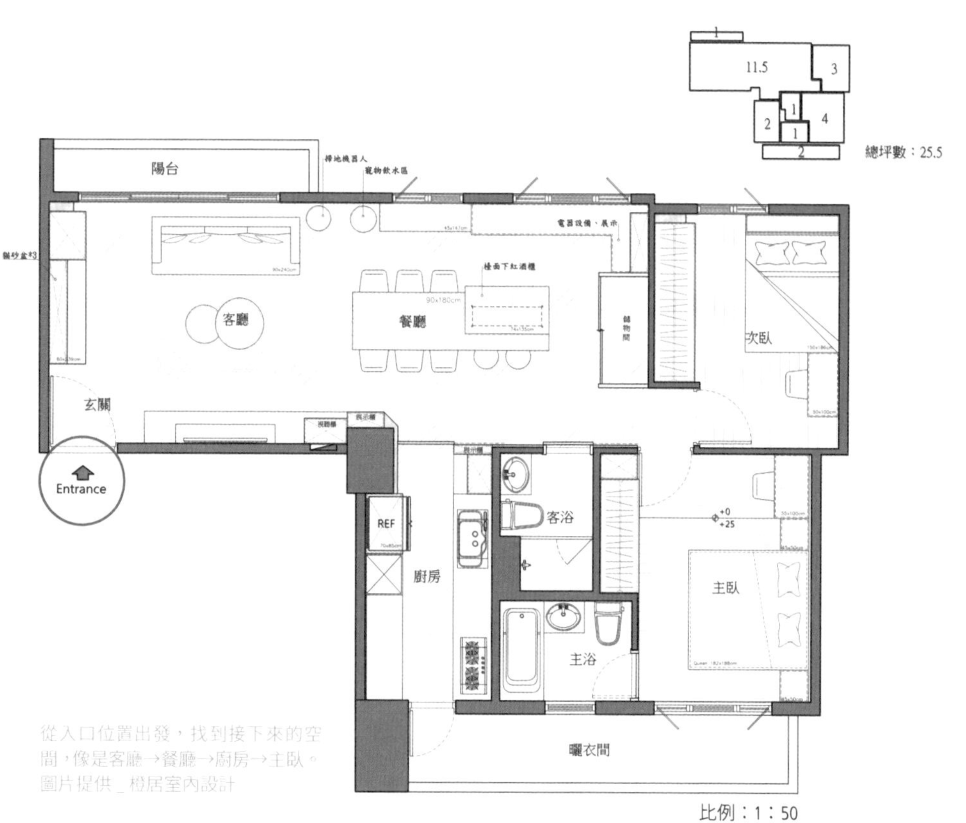


從入口位置出發，找到接下來的空間，像是客廳→餐廳→廚房→主臥。圖片提供＿橙居室內設計

可蒐集居家設計類雜誌上的圖片與師傅溝通，做出自己喜歡的空間。圖片提供＿日作空間設計

## Q142 和工班師傅溝通時，需要事先準備什麼？

**A 平面圖要準確，搭配喜歡的居家設計圖溝通。**

工班師傅是按照你給的圖面施作，不要以爲差1公分沒什麼，差1公分有可能連抽屜都拉不出來了。不過，現在有一種專門在畫平面圖的公司，他們對平面配置很有概念，可以請他們協助畫平面圖及工程施作圖等，方便你跟工班師傅溝通。師傅擁有的是豐富的實務經驗，例如：對某些櫃體的尺寸有所疑問時，可以採納師傅們的建議。但是師傅最大的問題，就是少了些美感，因此對於設計及美感的要求，就必須靠自己。多看坊間販售的居家設計類雜誌，看到喜歡的就隨手貼起來或剪下來，在進行造型與色彩、材料的搭配時，直接拿出雜誌上的圖片，與師傅溝通，才不會最後做出來的設計和想像不同。

## Q143 該如何思考格局的配置？

**A 先了解自身需求，再區分不同空間的機能性，將有關聯性的空間配置在一起。**

每個人對於家的需求和想像都不盡相同，有些人具備烹調習慣，希望有較大的廚房空間；有人與父母同住，需要公私領域分界清楚的生活場域等等。這些都是在進行空間規劃時必須先思考的細節。經過全盤思考後再和設計師進行討論，進而設計出最符合自身的格局配置。以下將列出思考格局的配置因素：

**1.了解全家人的需求：**在設計前先了解全家人的需求，重視隱私或淺眠的人，臥寢區是否要離客廳或起居室等公共區域遠一些？喜歡安靜工作的人，是否需要一間獨立書房等等。不同的需求會決定格局的配置，只要規劃得宜，就能打造出美好的居家空間。

**2.空間分區配置思考：**在配置空間時，建議可粗略區分不同空間的機能性，評估哪些區域放在一起才方便，不外乎可分為公共區（客廳、餐廳和廚房）、私人區（主臥、小孩房、長輩房）、移動區（玄關、廊道、樓梯）。將這些有關聯性的區域放在一起，集中區域功能，同時也縮短了行走動線。

**3.納入未來的需求：**購屋前要開始考量未來10～20年的需求，先想像出將來可能的情景，才不會覺得空間不夠用。

**4.居住成員決定房間數量：**先思考居住人數會有哪些成員，是否會和長輩同住？未來是否會需要容納兒女的房間？然後再來決定房間的數量。

**5.考量家事流程：**一般來說，家事同時並進是最有效率的做事方法，因此廚房、工作陽台和洗衣間如果規劃在一起，洗衣和料理同時進行，就能減少不必要的移動路線，能讓家事做起來更輕鬆，達到事半功倍的效果。

**安心成家小叮嚀**

**確定圖面無誤後簽名**

在看圖時，設計師會針對每一張圖講解，確認了解並無誤後，建議屋主在圖說上簽名，證實的確看過並了解圖說，這對雙方都有保障，也可減少日後紛爭的產生。

## Q144 如果要重新裝潢房子，該怎麼規劃房子的通風會比較好？

## A 配置格局時，考慮到通風和採光。

每一個區域都要能保持良好通風。另外，最好能考量光線進入的方向去配置，像是客、餐廳等……公共區域由於家人聚集的時間比較久，通常都會配置在採光最良好的地方。

格局只要規劃得宜，就能打造出美好的居家空間。圖片提供 _ 南邑室內設計事務所

# STEP 5 用低預算獲得高質感

用燈光、壁紙來創造立面，是省錢又有質感的方式。圖片提供＿和瀚室內裝修設計工程有限公司

## Q145 哪種立面處理方式省錢又有質感？

**A 利用油漆、壁紙及燈光設計。**

最省錢的立面處理方式就是上塗料、貼壁紙，但是如果設計師能發揮創意，再結合業主的職業或興趣發想，能玩很多不同的立面設計，尤其是商業空間能玩的形式更多。用別人不敢用、沒有想像到的材質當作活動的區隔立面，像是咖啡麻布袋搭配夾板、報紙鋪牆面再上EPOXY做保護固定、洗衣板做任意拼貼、洗乾淨的九孔殼……等，平時把收集而來的小東西用創意集合在一起，未來可能就是立面設計的元素。利用顏色、軟裝、掛勾，用自身的美感去創造立面，也是很棒的方式。壁紙是以支來計算，若不特意去找進口壁紙的話，僅用國產壁紙，也可營造出不錯的效果。最重要的是價格省很多。

## Q146 除了精簡木作項目外，木工費用還可以用什麼方式降低？

**A 使用上好漆的木皮便宜10%，另門片直接買現成品。**

在工廠已經噴好漆的木皮，不僅漆面塗料的品質優、噴得均勻，每坪約較現場噴漆來的便宜10%左右，又可以減少施工時間、降低室內空氣汙染。

另外，若原本的櫥櫃舊舊的，也先別急著拆除，可用現成的IKEA門板，取代訂做貼木皮衣櫥，花費不到木工的一半預算就能達成，也省下衣櫃門片油漆的工錢，先測量需要的櫃體高度，再配合上方屋樑的高度，挑選相符的門片尺寸，並以此訂作系統櫃身，等到安裝系統傢具時，再請廠商一併裝上門板，省錢又能兼顧自己喜歡的風格。

**安心成家小叮嚀**

**換算廚具單價**

通常廚具估價單上多以一式作爲計價單位，其實只要將櫃體費用除以櫃體長度，可以換算出每公分的單價，知道價格究竟是否合理。

更換廚具門板，就能讓廚房煥然一新。

## Q147 有什麼低預算的做法能讓廚房煥然一新嗎？

**A 換門片以及價格合理的不鏽鋼檯面。**

廚具櫃體的價錢大約占整個廚具工程70%，櫃體的價錢來自挑選的門板樣式，根據吊櫃、底櫃、高櫃的不同會有些微價差，門板可挑選美芯板，檯面就用實用且價位合理的人造石或不鏽鋼材質。如果預算有限，可省略吊櫃設計改用層板，但要視個人使用習慣而定。此外，嵌入式電器設備價位較高，除了必需的三機之外，烤箱、蒸烤爐可搭配非嵌入式，能稍微減少一些費用。

## Q148 好喜歡清水模質感的牆面，但造價好貴，不知道有沒有其他替代方案？

**A 選擇後製清水模取代。**

清水模質樸的質感近年越來越受大衆歡迎，但因施作不易、造價不斐，以及多項不可控制的因素，讓許多人望之怯步。爲了克服清水模的缺點，因而產生後製清水工法。日本菊水化工開發出的清水混凝土保護與再修飾工法（又名ＳＡ工法）就是一例。ＳＡ工法是以混凝土混合其他添加物製成，除了用於修補清水模的基面不平整、嚴重漏漿、蜂窩、麻面、歪斜等缺失，還可用在室內裝修壁面及天花，不僅可在施作前打樣供顧客確認色澤花紋，且適用於任何底材，厚度亦只有0.3公釐，不會造成建築結構的負擔，廠商還可依喜好於表面打孔、畫出木紋樣式、製作氣泡、溢漿、溝縫等效果，施作後的效果與灌注清水模極爲類似，是喜好此風格但擔心失敗或預算較低時的另一選擇。

**安心成家小叮嚀**

**確認喜好樣式**

因後製清水模可於施作前打樣，消費者可先與廠商溝通喜好的樣式，並確認打樣後再執行，確保完成面不會和喜好差異過大。

# Q149 若希望家中隔音效果好，要選用木作隔間還是輕隔間好？

**Ⓐ 請選擇輕隔間，以石膏板的面材隔音效果較好。**

木作隔間多半是以角材爲骨架，並用兩片板子封住，隔音效果並不佳，所以若想要有好一點的隔音效果，其實泥作隔間牆最好，但是價格比較高，退而求其次的話，可以選擇以石膏板或矽酸鈣板建構的輕隔間較適當，石膏版隔音效果較佳。坊間也有推出有吸音效果的吸音板，但價格偏高。

可以選擇石膏板或矽酸鈣板建構的輕隔間，隔音性也不錯。圖片提供 _ 日作空間設計

| 常見的隔間建材類 | 特色 |
|---|---|
| 石膏板 | 具防火、隔音效果 |
| 矽酸鈣板 | 具防火、防水、耐髒等優點，也適合作爲建築的內壁、底板、隔間牆等 |
| 化妝板 | 板材表面經過特殊耐磨、抗菌塗裝處理，100% 不含石綿 |
| 吸音板 | 靜音與美音效果，常用於視聽空間，也有防火耐燃的特性 |

# Q150 地板壞了、磁磚剝落了，可是把地板或壁面磁磚敲下來的費用好貴，有其他辦法嗎？

**A 用其他建材覆蓋，不做拆除工程。**

如果地面要鋪抛光石英磚就要拆到見底，但若是要鋪木地板就不一定要見底，拆到見底只是多花錢，若想在廚房貼烤漆玻璃，壁面磁磚也可以保留，不需要拆除，又可省下一筆費用。

如果地面要鋪抛光石英磚就要拆到見底，但若是要鋪木地板就不一定要見底。圖片提供＿南邑室內設計事務所

## Q151 想要環保，但又想要使用木材質怎麼辦？

**A 使用薄片木皮或特殊樹材，依然能在家中保有木質感。**

近年來環保議題盛行，大眾越來越重視自然資源的節制用度，即便身處於這樣的社會氛圍下，在家中鋪設木地板的人依然比比皆是。爲了能同時滿足鋪設木地板，以及節省資源的需求，改良出將實木刨切成極薄的薄片，黏貼於夾板、木心板等表面，依舊能保有實木皮的外觀；除此之外，亦可嘗試使用環保無毒的特殊樹材，其中包含竹材、軟木材等，前者耐潮、耐磨、且具有靜音功能；後者則具備保溫功能。

**木材質比較一覽表**

| 種類 | 實木 | 集層材 | 特殊樹材 | 二手木 |
|---|---|---|---|---|
| 特色 | 整塊原木所裁切而成 | 由三～四塊木料拼接而成 | 以竹材和橡樹製成，爲環保耐用的綠建材 | 回收舊木材製成 |
| 優點 | 沒有人工膠料或化學物質，只有天然的原木馨香 | 有效節省天然木料的使用 | 爲實木的替代建材，實現環保觀念 | 價格低廉 |
| 缺點 | 價格高昂、抗潮性差，易膨脹變形 | 無法100%模擬自然木質 | 造價貴、使用不普遍 | 品質不一、需避免選到泡過水的木材 |
| 價格 | NT.4,500 ～ 30,000 元 | NT.3,000 ～ 8,000 元 | NT.5,500 ～ 18,000 元 | 依木種和重量而定 |

※ 以上表列爲參考數値，實際情況依各個案例狀況有所調整。

# Q152 如何利用玻璃材質創造開闊格局？

**A 玻璃用途廣，可放大視覺效果，局部搭配用就好。**

具有透光特性的玻璃建材，有綿延視線、引光入室、降低壓迫感等效果，可以說是「放大」和「區隔」空間必備的素材之一；結合玻璃的透光性和藝術性設計，更讓它成爲室內裝飾、輕隔間愛用的重要建材。

玻璃的種類很多，但基本上都是透過加工方式產生千變萬化的面貌，基本的玻璃材質以清玻璃、鏡面玻璃爲主，像是鏡面玻璃的清透感能夠有效達到放大空間視覺。乾淨的線條與材質獨有的光澤感，呼應虛實對比的錯覺魔幻氛圍，勾勒出多元卻俐落的居家輪廓。

此外，玻璃分爲全透視性和半透視性兩種，能夠有效地解除空間的沉重感，讓住家輕盈起來，最常運用在空間設計的有：清玻璃、霧面玻璃、夾紗玻璃、玻璃磚、噴砂玻璃、鏡面等，透過設計手法能有放大空間感、活絡空間表情等效果；此外還有結合立體紋路設

**安心成家小叮嚀**

**一般臥房隔間不建議使用玻璃**

設計師在設計之前，必須考慮空間與區域的私密性，如果是在旅館或飯店使用玻璃作爲浴室與臥房的隔間沒問題，但若是以長遠的生活環境來看，家人之間將會嚴重缺乏隱私，不太恰當。值得注意的是，並非所有玻璃都能當作隔間使用，厚度至少要達到10公釐才足夠。

運用玻璃材質能有放大空間感、活絡空間表情等效果。圖片提供＿南邑室內設計事務所

| 種類 | 玻璃 | 烤漆玻璃 |
|---|---|---|
| 特色 | 包含清玻璃、噴紗玻璃、雷射切割玻璃、彩色玻璃、鏡面等。清透的材質特性，是製作輕隔間常用的建材 | 烤漆玻璃同時具有清玻璃光滑與耐高溫的特性，適合用在廚房壁面與爐台壁面 |
| 優點 | 透光效果高，具放大空間功能，且無特殊設計者價格便宜 | 增加空間質感，便於清潔 |
| 缺點 | 沾水易留下水垢，要時常清理 | 裝設空間過於潮濕可能會掉漆 |
| 價格 | NT. 50 ～ 4,000 元／才 | NT. 200 ～ 400 元／才 |

※ 以上表列爲參考數值，實際情況依各個案例狀況有所調整。

計的雷射切割玻璃、彩色玻璃等。

## Q153 想要快速改變居家視覺感受，讓家的整體空間更和諧？

**A 改變室內色彩最簡便的方法，就是運用各式各樣的塗料。**

除了千變萬化的顏色選擇外，塗料也可以利用各種塗刷工具，做出仿石材、布紋、清水模等材質觸感幾可亂眞的仿飾效果。塗料不僅肩負著創造空間色彩與改變氛圍的重任，目前市面上推出許多機能性塗料，強調可以調整室內濕度、消除異味、防水、抗菌，讓居家空間更健康環保。

舉例來說，珪藻土便是其中一種熱門的環保塗料，其具有多孔的特性，能吸收大量的水分，並可吸附與分解甲醛與乙醛。另外，天然塗料，顧名思義便是強調材料取自於自然環境，無毒環保，且具有高度光反射性的特質，十分適合調性自然而高雅的空間。

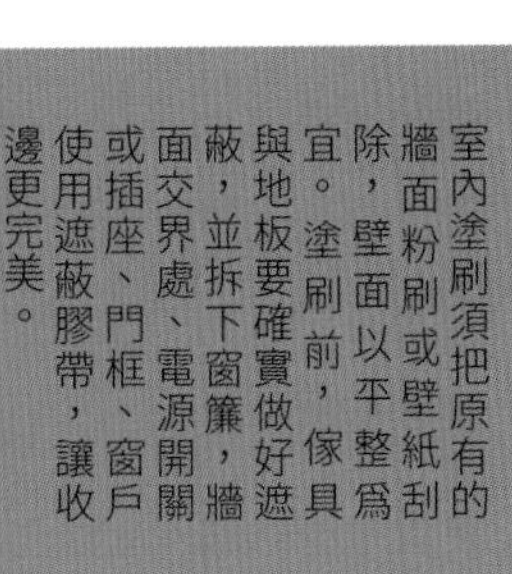

**安心成家小叮嚀**

**施工前先整理好牆面**

室內塗刷須把原有的牆面粉刷或壁紙刮除，壁面以平整爲宜。塗刷前，傢具與地板要確實做好遮蔽，並拆下窗簾，牆面交界處、電源開關或插座、門框、窗戶使用遮蔽膠帶，讓收邊更完美。

## Q154 如何爲家思考合適軟裝搭配？

**A 從空間條件開始思考，再確立整體風格。**

建立居家風格的第一步，就從住宅類型開始。在規劃居家初期，就會思考空間的風格走向，在硬體裝修階段，是確立空間的架構、材質以及線條語彙，由於軟裝陳設是空間規劃的最後階段，

軟裝陳設是空間規劃的最後階段，因此會跟著硬體延伸風格走向。圖片提供 _ 樂沐制作

因此多半會跟著硬體延伸風格走向。但若沒有重新裝修，也可透過換掉大型傢具或窗簾、牆壁顏色、壁紙等，較大幅度改變空間樣貌。

一般思考傢具等配置，還是會依照空間坪數選擇，畢竟和尺寸有關，即使再喜歡某件單品，若空間條件不允許，還是不適合選用。通常小坪數住宅的空間機能都會重疊，因此傢具經常一物多用，或作爲靈活的空間區隔。一般住宅則視居住者需求喜好配置。大坪數和複層住宅，要注意軟裝和空間水平與垂直的尺度和比例。至於度假宅，則是在顏色、材質、造型方面，偏向大自然紓壓感方向挑選軟件。

## Q155 請問有哪些方法能增加衛浴的收納？

**A 找衛浴廠商做浴櫃收納便宜又實惠。**

衛浴收納，如果不想更換面盆，可在面盆下方利用木作增設收納櫃，不過，選擇的材質需考慮防潮效果。如果要更換舊面盆，可直接採買含浴櫃的面盆。在牆面設計鏡櫃，也可增加衛浴的收納機能。此外，還有落地式浴櫃、開放型浴櫃，及吊櫃等浴櫃可選擇。

## Q156 後陽台堆滿雜物，如果想改成曬衣間，可以怎麼做？

可利用現成的收納櫃，使得後陽台具備儲物空間。圖片提供＿日作空間設計

**A 視實際需求而定。**

後陽台可以用來洗衣、曬衣，但若要當成工作房，必須看坪數是否夠大？若坪數不是很大，可把洗衣機放到前面，讓空間變大，再利用鐵窗設計收納，或利用現成的收納櫃，使得陽台具備儲物空間。如果窗外景觀不錯，甚至可利用陽台規劃休閒窗台。選擇與室內地板相同材質，讓空間延伸。或者以木作做成兩層可上下樓的櫃子，下面放洗衣機，上面可放烘衣機，並安排一個小樓梯，可以走到窗台上直接曬衣服，都是不錯的選擇。

## Q157 隔間也算是木作工程嗎？有哪些選擇？

**A 分爲純木作隔間、輕隔間兩種。**

木作隔間，有分輕隔間及純木作隔間兩種。所謂的輕隔間，多半是用矽酸鈣或石膏板等，內有隔音棉或隔音海棉建構而成的。至於純木作隔間，指的是中間用柳安角材或集成材，但以面板夾板或木心板材封住。木作隔間的優點就是可作造型變化。但造型越多，相對所用的附屬建材也就越多，工法也更困難，因此相對價位也越高。至於價格計算，有的師傅會用「尺」來計價，也有的會用「坪」來計價，可以留意之間的差距。

# Q158 原有磁磚地面不平，如果只是鋪設木地板，也需要重新整平地面嗎？

**A 使用架高式施工法來鋪設木地板的話，就不需要整平地面。**

在進行任何地板工程之前要先確認地面是否平整，再鋪設新的木地板，日後才不會發出聲響，若原有的底板已經損壞，千萬不要因爲省錢而不拆底板。木地板依照施工方式的不同，可分成以下三種：

**1.平鋪式施工法：**平鋪式爲先鋪防潮布，再釘至少12公釐以上的夾板，俗稱打底板。然後在木地板上地板膠或樹脂膠於企口銜接處及木地板下方。通常以橫向鋪法施作，其結構最好、最耐用又美觀，能夠展現木紋的質感。

**2.直鋪式施工法：**活動式的直鋪不需下底板。若原舊地板的地面夠平坦則不用拆除，可直接施作或DIY鋪設，省去拆除費及垃圾環保費，且木地板也比較有踏實感。

**3.架高式施工法：**通常在地面高度不平整或是要避開線管的情況下使用，底下會放置適當高度的實木角材來作爲高度上的運用。但整體空間的高度會變矮，相對而言，較費工費料，施作起來的成本也較高。且時間一久，底材或角材容易腐蝕，踩踏起來會有異樣擠壓聲音或有音箱共鳴聲。

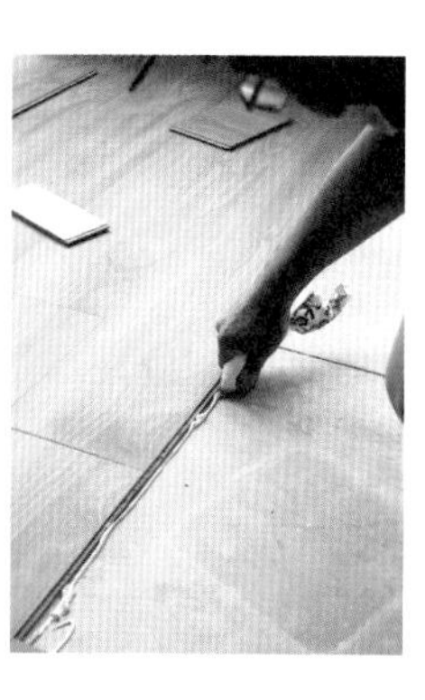

平鋪式施工法需要在木地板上地板膠或樹脂膠於企口銜接處及木地板下方。圖片提供＿演拓空間設計

以休憩爲主的區域，可以裝設給人有溫暖感的黃光燈泡。圖片提供＿日作空間設計

**安心成家小叮嚀**

**同一空間使用同一廠牌**

目前市售燈泡品牌相當多種，每家廠牌色溫不盡相同，建議可以在同一空間中，使用同一廠牌的燈泡，如此一來，視覺感受光源的顏色與溫度變化，就不會差異那麼大。

## Q159 LED燈最省電，住宅通通用它就能一勞永逸？

**A 雖然LED燈使用年限長、不易損壞，但光源集中，方向性明確，不適合當成家中的主要光源。**

LED燈具有壽命長、耐碰撞的優點，且價格便宜，長期下來能節省頻繁更換傳統燈泡的費用。不過，LED發光二極體是一種半導體元件，利用電能轉化爲光能，因此發熱量小，其中80%的電能轉化爲可見光。LED燈發散光源屬於「點光源」，光源集中，方向性明確，不似省電燈泡的照明範圍廣，因此不適合當成家中的主要光源，可用於玄關、走廊等局部空間。

## Q160 該如何爲居家空間挑選合適燈泡？

**A 先考慮坪數與樓高，再依照色溫挑選。**

依照空間使用的不同，在客廳、餐廳、臥房、書房用的燈泡類型、色溫和瓦數就不相同。俗語說，「明廳暗房」，因此客廳內適合裝設照明範圍較廣、節能效果好的省電燈泡。以休憩爲主的臥房與餐廳，可以裝設給人有溫暖感的黃光燈泡，如LED燈、鹵素燈或省電燈泡皆可。至於書房建議採用明亮度高的省電燈泡，再搭配近距離檯燈更理想。以下提供兩個方法挑選合適燈泡：

1. **考慮坪數與樓高：**燈泡的使用和空間坪數、樓高有很大關係，因此購買前一定要先確認好，預防坪數太大、燈泡瓦數不足的情況。簡單來說，0.8坪、樓高2.8～3公尺，23瓦的燈泡就足以適用。

2. **依照色溫挑選：**色溫，簡單來說就是顏色的溫度，是指光波在不同能量下，人眼感受的顏色變化，以度K（kelvin）表示。通常色溫在5,500K時，紅、綠、藍可獲得平衡，混合後產生白光，演色性也愈高，被照物的顏色也較逼真，接近自然光下的顏色。

## Q161 木絲水泥板紋理好特別，居家裝修時需注意些什麼？

**A 雖然木絲水泥板能防潮，卻不能眞正防水，不建議使用在浴室或淋浴間較潮濕的空間。**

水泥本身是無法被自然環境所吸收再運用的材質，此點最常爲人所詬病。但近年來因環保意識抬頭，加上技術的進步，混合水泥及木屑製成的木絲水泥板因木頭含量達50%，相對降低水泥製品廢棄後對環境的影響。以木刨片與水泥混合製成，結合水泥與木材的優點，兼具硬度、韌性、輕量之特色於一身，多半被用來作爲裝飾空間的面板。

木絲水泥板具防火、防潮功能，使用範圍廣，常作爲地板、天花板或電視主牆、牆面的裝飾材。由於花色多元，可依居家風格再來做花色上的選擇與搭配，但不建議使用在浴室。

**安心成家小叮嚀**

**要上保護劑防沾汙**

若木絲水泥板要使用在戶外時，建議表面要塗上保護劑，因爲水泥板表面很多毛細孔，容易沾汙、吃色，上一層保護劑可保護表層。

訂購磁磚會預留 5 ～ 10% 的耗損量，免得貼到一半磁磚不夠。圖片提供 _ 南邑室內設計事務所

## Q162 搬新家時，將舊家系統櫃拆卸至新家眞的可以省錢嗎？

**A 得考慮重新裁切、運送成本。**

系統櫃採取「屋內丈量、廠內製造」的製作流程，就像樂高積木一樣，工廠製作好之後於居家組裝起來，當然也能逆向操作，能局部更換板材、或者隨搬家需求局部拆除更換或整組搬遷。

不過，因爲系統櫃是爲住家空間量身訂作，搬到新家時，尺寸、大小不太可能完全符合，此時就得支付裁切、重新組裝的費用，加上板材來回運送也是一筆開銷。可將這些因素考量進去，再決定是否這麼做。

## Q163 貼磁磚時，師傅說要跟工廠多訂一些，不過這樣會增加工程預算，是合理的嗎？

**A 磁磚要預留5～10%的損料。**

沒錯，這是因爲磁磚遇到牆角、轉折處都會裁切，因此一般訂購磁磚的時候，多數會預留5～10%的耗損量，免得貼到一半發生磁磚不夠的情況。如果是自行與建材行訂購磁磚，可先詢問施工後耗損量退貨的作業。

若是以系統櫃取代所有木作櫥櫃，預算將節省約一半以上。圖片提供＿南邑室內設計事務所

## Q164 光木作就占了總工程經費的一半以上，還可以怎麼省呢？

**A 櫥體採用系統傢具，木作只做局部。**

屬於結構性的包覆才需要用木作來執行，如空調管線、電燈線路的隱藏而施作的天花板、木作隔間等，還有一些局部的施作，像是冷氣孔的封板及遮電表箱等等。其他如櫃體的部分，若是以系統櫃作爲材料，取代所有的木作櫥櫃，將節省約一半以上的櫃體裝修成本。另外，傢具的部分盡量採用活動式，儘可能不要與結構體合而爲一，才可以避免日後維修的成本與不實用，以及兼顧空間層次感與舒適美觀。

## Q165 裝修預算緊繃，實木板因爲較貴，一次不要進太多，等用完再跟廠商進貨嗎？

**A 同批進貨保證沒有色差。**

雖然實木名稱、種類相同，但廠商進不同批次的木材，容易出現明顯色澤與紋路差異，如果沒有一次進足板材數量，等拼在同一平面上時，就會出現顏色與紋路落差，影響美觀。

**安心成家小叮嚀**

**做好規劃避免重工**

裝潢預算有限的話，建議盡量不要拆到隔間，否則又會需要泥作、油漆來修補，增加費用，如果眞的要移動隔間，也要做好完整規劃，避免重覆施工。

## Q166 想在家裡多一間房間，但不想花錢砌牆，還可以怎麼省錢做到呢？

**A 利用木作高櫃或雙面櫃達成。**

建議採用雙面收納櫃兼隔間牆的作法，比如說，餐廳與玄關之間以木作方式，製作一道雙面收納櫃，同時提供玄關的鞋子外套收納、餐廳的餐具碗盤收納，又可以當作區隔空間的隔間牆，劃分大門入口的玄關範圍。

或者在主臥隔一間視聽室，可以利用高櫃及電視牆作爲隔屏，將起居空間、睡眠空間區隔開來，且電視牆做可旋轉活動式，讓壁掛薄型電視可360度旋轉，如此一來，電視牆的前後區都能看到電視，可以省下兩個空間都要安裝視聽電器電線的成本。另外，在主臥及更衣室中間採用開放型收納櫃作爲隔間之用，使用方便兼顧收納機能。也可以向系統傢具廠特別訂製大型層板，丈量體形似邊牆柱體，若使用在廚房又可隱藏冰箱。

## Q167 天花板可以怎麼做，既能省預算又能遮空調管線呢？

**A 只要沿著樑及牆做局部天花板。**

把天花板全部封起來，費用也是不得了，其實只要做局部的天花板，將一些電線、管路隱藏在裡面，可以省下不少裝修經費。另外，也可以用噴漆方式美化原有的天花板，取代重新翻修木作天花板，並將原先外露於客廳的各式線路往上拉，藏進上方夾層中，也同時刪去拆除面及修飾線路的泥作、木作費用。

透過木作量身訂作線板，突顯鄉村風格也滿足機能需求。圖片提供＿南邑室內設計事務所

## Q168 預算有限下，如何打造美式新古典或鄉村風格？

**A 將預算放在風格語彙的表現。**

不同於現代風格空間，鄉村、美式或古典等風格，有其風格歷史演化的過程，風格語彙及元素的掌握更爲要求，雖然預算不足，這一部分的呈現卻不能忽略，反而應將重點預算放在風格語彙的表現，透過木作量身訂作線板、白色格子玻璃門等，突顯風格也滿足機能需求。

如果你是屬於出國很喜歡購買一些鄉村風格飾品的屋主，想必多年已經收藏許多，趁著住宅裝修時，快點翻箱倒櫃將這些旅遊的伴手禮挖出來，與空間搭配更有鄉村風，另外也可點綴小葉盆栽，增加田園自然氣息。

## Q169 書櫃如何設計最省錢？

**A 用現成傢具最省錢。**

所有櫃體的設計都一樣，木作費用較高，其次是系統傢具（不包含進口品牌且跟所選的五金配件較相關），最後是現成傢具（不包含進口品牌）每一種工程都有其優缺點，木作是可以做到量身訂作，若眞的想要木作，就以開放式設計爲主，少做門片、抽屜即可以達到省錢目的；若選擇系統傢具，要省錢就要從少做門片、五金配件及抽屜；最省錢當然還是現成傢具，可是現成傢具的支撐力不像木作或系統傢具，且無法做到量身訂作，有尺寸的限制，不過現在很多傢具店也接受訂製，建議可以量好尺寸訂作，但也有限制，或者可考慮組合式的設計，如系統櫃體搭配木作門片，或木作櫃體加系統門片，都能創造出不同的質感及效果。

## Q170 如何運用陳列式收納做出生活感設計？

**A 將個人的嗜好、蒐藏以及生活物件陳列展示出來。**

現今大多數的住宅空間裡，仍喜歡運用櫃體收納生活中的所有物品，這樣的處理方式雖然整潔乾淨，卻似乎讓居家空間少了點「人」味，人的個性除了體現在住宅設計風格外，近來可以看到越來越多居家收納開始導入商空的陳設概念，收納不再只是把東西收起來、眼不見爲淨，還

### 安心成家小叮嚀

**陳列式收納注意事項**

櫃體深度需配合書籍尺寸如果是複合式開放格櫃，通常深度都超過50公分，但如果擺放書籍之後反而會多出一塊空間，建議先思考櫃體想放置的物品，如果是書櫃，一般大約35公分深度就已足夠，想要更生活感的話，可橫著堆疊，一方面可以當作書擋，透過不同陳列方式增加變化性。

善用住宅的畸零空間或是樑下結構，搭配開放式格櫃也是另一種陳列收納的方式。圖片提供_和瀚室內裝修設計工程有限公司

可以藉由不同的空間設計與展示手法，將個人的嗜好、蒐藏以及生活物件，以全新的展示概念收納於居家之中，成爲另一種生活美學與個人品味的展現。

舉例來說，善用住宅的畸零空間或是樑下結構，搭配開放式格櫃也是另一種陳列收納的方式，格櫃的優點是可以降低空間的壓迫性，賦予充足的置物機能，如果擔心全部都是開放形式會感到凌亂，亦可局部穿插抽屜、門片、木盒搭配使用，也可以讓格櫃產生更靈活的變化性。

## Q171 何時該使用收邊保養材？

**A 用於兩種材質的交接處，緩和異材質的拼接。**

收邊材通常會使用於兩種材質的交接處，緩和異材質的拼接，除了美觀上的考量，收邊材亦可滿足安全考量，例如：浴室轉角的牆面，可利用收邊材修飾磁磚的角度，使其圓潤，可有效防護建材。一般最常見的塡縫劑便是矽利康，不僅施工快速、價格便宜，也有防霉的效果，近年來爲了回應人們對於細節美感的追求，矽利康亦逐漸發展出多種顏色，可根據搭配的材質選擇合適的色彩，不僅可打造一體成型感，亦可以跳色設計營造空間亮點。

# STEP 6 監工施工驗收

公共空間的梯間地坪、壁面都要進行防護工程，避免運送材料損壞原有物件。圖片提供＿演拓空間設計

浴室內的馬桶、面盆、檯面也要全部做好防護，對於突出易受損的衛浴配件，則建議要拆下。圖片提供＿演拓空間設計

## Q172 保護工程的區域範圍包括哪些？

**A 從公共空間到室內都要做好防護。**

保護工程是開始裝修的第一步，也就是對於施工的保護，為了避免日後在工程進行中不慎造成原有建材的破損，反而導致後續工程得多花時間修復、重做，所以一開始從電梯（包含電梯門框、內外與周圍壁面）、梯間地坪到大門等公共空間，只要是運送材料都在經過的地方，皆必須妥善做好保護，至於室內空間，則是從地坪、廚具到窗戶等，如果是不拆、不搬的地方，也都需要一併保護，確保不會受到破壞。另外，裝修過程中，如果發現保護層有破損情況，也應請施工單位立即更換。

## Q173 不同的區域範圍，應該要用什麼樣的保護材料才是正確的？

**A 養生紙包覆壁面、櫃體等，地面用防潮布、白板和夾板。**

電梯內部壁面一般會選擇用角料撐住夾板，住家大門的正反兩側同樣也可以使用防潮布和夾

室內地板如果不拆，記得至少要用PU防潮布、白板和夾板做好三層保護。圖片提供＿演拓空間設計

板，但避免膠帶殘膠造成大門（特別是表面建材爲木作的大門）掉漆損壞，保護措施要黏貼於金屬門框上爲佳，大門內側面的門把則要套上緩衝套。其它像是傢具、設備、壁面、窗戶等可以選擇用養生紙做包覆，另外要注意的是，假如新成屋的衛浴配件未做更換，如花灑、蓮蓬頭、抽風機和馬桶的遙控面板，建議應拆下集中放置，降低裝修期間撞傷碰損。

## Q174 不想拆除原有地板，又怕裝潢過程中發生破損，應該怎麼做才能避免刮傷或坑洞？

**A 用防潮布、白板和夾板做好三層保護。**

新成屋或是舊屋原始地板還算堪用，很多屋主都會選擇保留地板不做更換，所以在地板的保護工程上，通常會建議要用PU防潮布、白板、夾板做好三層的保護，最底層是PU防潮布，再來的白板也可以改用瓦楞板取代，最上層則是夾板，硬度較好可避免尖銳工具、物品掉落砸傷地板。另外也要提醒如果地坪是拋光石英磚，轉角處建議可加上角材保護，防止撞到發生缺角或破裂，海島型木地板的話，因硬度較差，最好也要多加一層夾板保護。

拆除工程之前務必要事先把水關掉，以免啟動灑水頭或是消防感應器漏水。圖片提供_演拓空間設計

在隔間牆做到頂的情況下，應先拆除天花板。圖片提供_演拓空間設計

## Q175 拆除工程進行之前，有哪些環節絕對不能忽略？

**A 關閉水電，保護排水孔避免阻塞。**

首先要先了解施工時間，確認大樓管委會的規定，才能進行會發出噪音聲響的工程，有些是規定上午8點至下午5點，有的則是早上9點和下午2點之後，再來要先關閉水、電，若是高樓層住宅也要關閉消防灑水設備，避免拆除中發生漏水、觸電或是電線走火的意外事件。同時也要把所有排水孔做好保護，免得拆除的過程當中，工程廢料掉落反而造成管線的阻塞。除此之外，如果大門需要更換，在只有一扇門的情況下，應配合工程安排拆除，如果是兩扇大門，建議可先拆除一扇，並將新大門安裝與拆除時間銜接好，又可以免除裝修期間無門的空窗期。

## Q176 針對不同的拆除區域，有所謂的流程和先後順序嗎？

**A 從上到下、先拆木再拆土。**

拆除的先後順序是由上到下、由木到土，但拆除的順序也要視情況隨機應變，一般隔間牆做到頂時，拆除順序爲木作↓天花板↓隔間牆↓地板，但如果隔間牆沒有做到頂，天花板和隔間牆的拆除順序就必須顛倒，否則先拆了天花板，隔間牆會有倒塌傷人的危險。拆除天花板的時候也要注意管線，避免破壞到灑水頭或消防感應器，如果是曾經變更過的格局，天花板裡面可能也藏有不同用途的線路。

拆除最好是採用分批拆除的方式，避免同一時間太多施工人員與機器在現場，容易發生遺漏。圖片提供＿演拓空間設計

## Q177 拆除工程可以一天就完成嗎？

**A 建議採分批拆除進行爲佳，減少噪音。**

拆除工程大致上可分成兩種，一種是一次性拆除，另一種是分批拆除。一次性拆除最大的好處是節省時間，可是必須在一天之內完成所有拆除項目，如果坪數大、或是拆除項目過多不見得適合，而且同一時間會有很多施工人員以及機器在現場，可能也會發生有所遺漏的狀況，再加上機器共振，易產生裂縫。分批拆除是比較建議的方式，將拆除透過2～3天的時間進行，既可以仔細檢視、控管拆除項目，避免後續發生必須二次拆除的情況，一方面也能減少同時產生的巨大施工聲響、噪音，減輕對鄰居的影響。

爲確保避免拆到剪力牆、承重牆與樑柱，可先調閱建物原始的結構圖，或是委請結構技師判斷較爲安全。圖片提供＿演拓空間設計

## Q178 隔間拆除會不會不小心拆到結構牆？怎麼樣可以避免？

**A 調閱建築結構或委託結構技師判斷。**

隔間拆除事關房子的結構性，一旦拆錯恐怕造成建物倒榻，特別是樑柱、承重牆和剪力牆這三個是承擔建物水平力、垂直力的關鍵。如果想要避免拆錯牆體，最簡單的判斷是，通常ＲＣ牆超過15公分以上，而且是5號鋼筋就有可能是剪力牆，一般紅磚牆或是輕隔間厚度大約是10公分左右，如果是以紅磚砌的承重牆爲24公分，混凝土結構厚度爲20公分或16公分。不過最安全的判斷方法還是直接委託結構技師判斷，或是調閱建築結構圖分辨。

貼大尺寸磁磚的時候，下排磁磚可放置支撐腳作爲輔助。圖片提供 _ 演拓空間設計

## Q179 地磚拆除的時候，一定要打到見底嗎？

**A 根據磁磚的種類決定是否拆除見底。**

這種情況比較常發生在中古屋翻新的時候，若是想將老舊磁磚拆除重新換上新的磁磚，假設後續選用的磁磚爲拋光石英磚，那麼拆除舊磁磚時就必須要打到見底，而且特別是殘留的水泥層也要徹底清除乾淨才行，這是爲了之後重新鋪貼新的磁磚，新磁磚與底層的附著力才會好，地坪才能更爲平整，也可以避免日後發生膨共、翹起的狀況。不過如果選擇復古磚材料，由於是採取濕式施工的方式，在這種情況下就無須一定要拆除見底。

## Q180 磚材的大小和種類跟施工方式會有差異嗎？

**A 小磁磚邊貼邊注意水平，大磁磚要分批貼。**

磁磚的規格尺寸與貼磚的方式確實有所差異，如果壁面貼的是大塊磁磚，最好是分批進行，因爲大面磁磚是從下往上堆疊鋪貼，假如一次就全部貼完，最底部的支撐力可能會過重，反而造成磁磚的移位，這時候也可以在最下排磁磚放置支撐腳輔助。小磁磚鋪貼要注意的就不太一樣，像是馬賽克，則是要一邊鋪貼一邊注意垂直水平線是否有整齊平整，現今皆有校正器可搭配使用，避免貼到最後才發現歪斜的狀況。

# Q181 壁磚、地磚的工法都是一樣的嗎？

## Ⓐ 壁磚採用硬底施工，地磚軟硬底皆可行。

壁面貼磁磚一般以硬底施工為主，也就是先以水泥砂漿用鏝刀抹平打底，等到完全乾燥之後再進行防水、貼磚等工序，因為需要多一道打底程序，施作時間相對會比較久。但地磚則是可以使用硬底與軟底施工，軟底施工不用打底，而是以水泥先做一層簡單半濕軟底，就可以進行磁磚的鋪貼，這種方式適用於20×20以上的大片磁磚，由於大片磁磚移動不易，反而需要依靠軟底滑動來調整位置跟洩水坡度，所以常用於浴室、地磚，省掉打底步驟也可以加快施工速度。

衛浴地磚可用軟底鋪貼，但壁面一般通常會用硬底施工。圖片提供＿樂沐制作

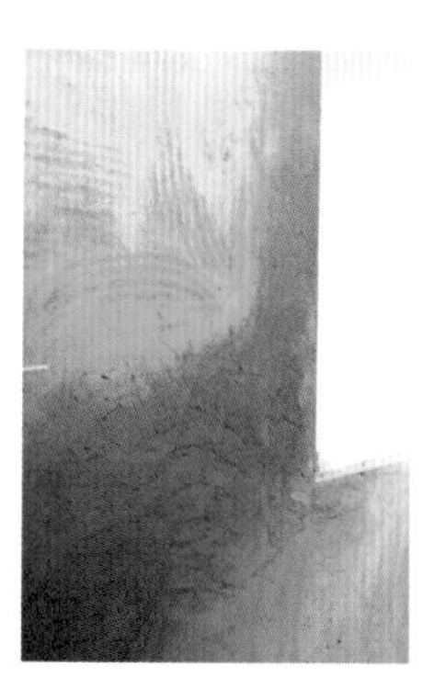

壁磚通常用硬底施工，但要注意水泥打底工序是否確實以及平整。圖片提供＿演拓空間設計

## Q182 軟底、硬底施工是什麼意思？什麼時候該用軟底？什麼時候用硬底？

**A 大磚貼地用軟底，小磚貼壁用硬底。**

硬底施工的特性是以水泥砂漿打底後，再進行貼磚的工序，屬於最標準的磚材施作方式，雖然施作時間長、價格也比較高，但是磁磚與施作面的附著性更好，且平整度較佳，一般適用於50×50以下的磁磚。軟底施工則是不用打底，只要鋪好水泥砂漿就能貼磚，但缺點是附著力略差，日後也可能易造成膨共現象，優點是價格便宜、施作速度快，通常適用30×30、50×50以上的大片磁磚，因爲大片磁磚移動不易，需要依靠軟底滑動來調整位置和洩水坡度。

| 項目 | 硬底施工 | 軟底施工 |
|---|---|---|
| 特性 | 以水泥砂漿打底後再貼磚，壁磚施作，只能採取此工法 | 不用打底，鋪好水泥砂漿後就貼磚 |
| 優點 | 磁磚與施作面的附著性較好，且平整度佳 | 價格便宜、施作速度快 |
| 缺點 | 施作時間長、價格也比較高 | 附著力略差，易發生膨共現象 |
| 價格／單位 | 打底一坪 NT.1,000 ～ 1,500 元，磁磚貼工一坪 NT.1,500 ～ 2,000 元（含接著劑，不含料），並注意通常陽台、屋頂的價格會再高一些 | 一坪 NT.1,500 ～ 2,000 元 |

※ 以上表列爲參考數值，實際情況依各個案例狀況有所調整。

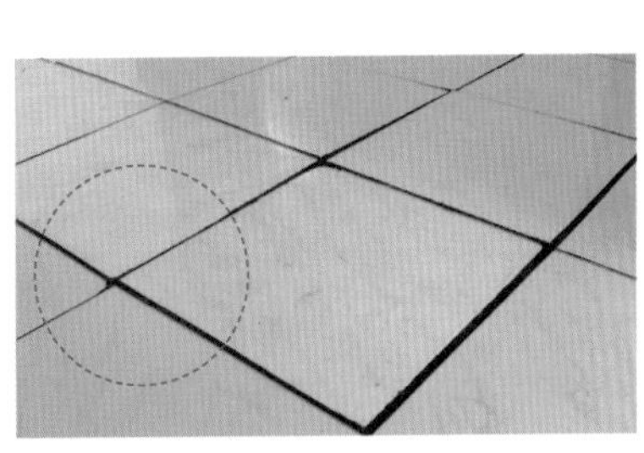

磁磚翹起的因素很多，有可能是熱脹冷縮導致，也有可能是漏水或水泥砂漿比例有誤，應判斷主要原因再來解決。圖片提供＿演拓空間設計

## Q183 電視新聞報的新屋地磚沒多久就膨脹凸起，到底是什麼原因？該怎麼解決？

**A 建議應重新打底施作。**

造成地磚膨脹凸起的原因其實有很多，包含水泥砂漿比例使用不正確、水管漏水滲入磁磚，或是因為地震、冷熱氣候變化差異等所導致。因此在決定解決辦法之前，務必先了解膨共的原因是如何造成，如果是水泥砂漿的比例不對，建議應該拆除，重新調配正確的水泥砂漿比例再打底施作，但假如是漏水的因素，則要先找出漏水的源頭，阻斷水源之後才能獲得改善。

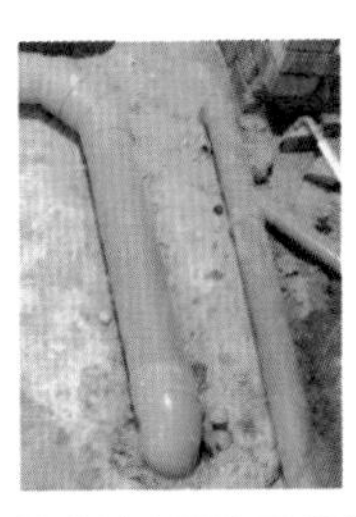

洩水坡度是為了要讓水能順利流向排水孔的坡度設計，建議依照管徑決定坡度。圖片提供＿演拓空間設計

## Q184 什麼是洩水坡度？洩水坡度到底要留到多少才正確？

**A 依據管徑決定洩水坡度。**

洩水坡度指的是為了讓水能順利流至排水孔，需要一個適當的坡度，當坡度不足時，就會導致積水。通常計算方式是從排水口算起，大概每100公分會有1～2公分的落差，不過也得視管徑的大小而定，當管徑小於75公釐的時候，坡度不可以小於五十分之一，但當管徑超過75公釐的時候，則是不能小於一百分之一。另外，當馬桶需要移位時，地板必須墊高，以便配合糞管更改位置，這時候也一定要抓好洩水坡度，且管線不要拉太遠，才不會造成排水不良和阻塞等問題。

## Q185 常聽說石材白華的問題，如果還是很想用，該如何避免發生白華？

**A 採用乾掛施工或增加5～6道防水層隔絕。**

白華的成因是黏貼石材的水泥砂漿中，溶離出鹼性物質，並滲透到石材的表面或從填縫處、裂縫處滲透出來，再與空氣中的二氧化碳或酸雨中的硫酸化合物反應，形成碳酸鈣或硫酸鈣，當水分蒸發時，碳酸鈣或硫酸鈣就結晶析出形成白華。但一般硬底施工使用的水泥砂漿或益膠泥都有含水，因此會建議預先施作5～6道的防水塗層，若施作於牆面，或者是直接選擇乾掛施工法，即便成本較高，但可降低產生白華的情況。

乾掛施工的成本雖然較高，但能有效降低石材白華的機率。攝影_蔡竺玲

## Q186 工程做到一半，天花板居然變形了，怎麼會這樣？

**A 檢查吊筋間距和角材數量。**

如果遇到這種情況，可以先檢查天花板是否有無確實固定於RC層，以及角材數量是否足夠，亦有可能是吊筋間距過大，才會導致天花板變形。而日後若要避免變形、下垂的問題，除了在天花板封板之前需確認吊筋數量，工班叫料後也要在現場確認品牌、品名，避免使用到劣質角材或是氧化鎂板，另一方面，角材是用來固定天花板和建築物樓板之間的銜接面，所以一定要確實接合才行，否則天花板也會產生裂縫，嚴重更可能造成下陷。

天花板會利用角材先建構出骨架，在間距約每1.2公尺的位置下一根角材。圖片提供_演拓空間設計

吊燈懸掛處以6分底板，以及增加垂直向的角材，強化結構性。圖片提供＿演拓空間設計

## Q187 天花板是選用矽酸鈣板，可以直接懸掛吊燈嗎？

**A 須加裝吊筋與補強結構。**

建議不要這麼做，因爲單靠矽酸鈣板承重支撐是不夠的，提供兩種做法，一種是在天花板內多封一層6分底板，並增加垂直向的角材，將重量分散至RC牆上，增加承重量，同時也可避免燈具鎖不到角材，所造成的安全疑慮。另外一種方式是在天花板施作時，先確認好懸掛、出線位置，上方加裝吊筋，吊筋也應固定於天花RC層，同時以夾板、木芯板補強結構強度，最後請木工師傅在封板前把線路拉出。

## Q188 磁性漆只要刷一道就有效果？

**A 至少要塗刷兩道以上才有良好的磁力。**

磁性漆的漆膜厚度是直接影響磁力的關鍵，隨著層數愈多、磁力就會愈強，除了要預先處理好底材外，建議使用滾輪塗刷可以讓塗料得以均勻分布，而且刷完一次磁性漆之後至少要等待4小時以上的乾燥時間，才能進行第二次塗刷，若是氣候潮濕，等待時間需要更久。另外，白板若想具備磁鐵功能，也可在中間夾入鐵板，或塗上磁性漆，不過吸力強度會較差，不適合吸附過重的物品。

## Q189 重新粉刷廚房，一段時間後天花浮現泛黃汙漬，是油漆不夠厚所導致的嗎？

**Ⓐ 透過打磨、批土與覆蓋油性漆就能改善。**

被油煙燻黃的天花板，即便塗刷夠厚夠多層，但因爲批土沒辦法跟油漆緊密附著，一段時間過後就會露出泛黃汙漬，爲了避免這樣的情況發生，建議在施作之前，要先打磨問題區域，再開始批土、並同時利用白色的油性漆先打底，才能徹底解決油汙問題，就能開始正常的粉刷工序。

## Q190 明明才剛換好新的窗戶，怎麼一直聽到有風吹聲？是沒裝好嗎？

**Ⓐ 檢查止風塊是否有鎖緊。**

新裝好的窗戶如果出現風吹口哨聲，很有可能是止風塊沒鎖好。因爲施工時師傅有時爲了讓屋主日後洗窗好拆卸，通常都不會鎖止風塊，如此一來，窗戶就會有縫隙而產生風切聲，有時也可能會導致水滲入室內，所以建議平常還是鎖上爲宜。

## Q191 淋浴龍頭裝好之後，卻不斷有小水流滲出，怎麼會這樣呢？

記得龍頭和出水口的連接處，要使用止洩帶和矽利康強化密合度。圖片提供＿日作空間設計

## A 利用止洩帶與矽利康就能加強密合。

可能是安裝過程出現問題，建議在安裝龍頭主體的時候，必須格外注意兩個地方是最可能造成漏水的，一個是龍頭與出水口的連接處，這邊務必要在S彎頭纏上止洩帶後接牆，除此之外，出水口處也建議要再使用矽利康做補強，如此一來就能防止產生縫隙漏水。

# Q192 爲什麼要驗屋？

## A 驗屋是買房最後一個環節，因此要確保房屋和契約內容一致，且居住環境舒適。

驗屋分爲「土建」與「機電」兩個部分。土建就是門窗、衛浴設備、廚具設施、曬衣設施及天花板、地磚、油漆等非電氣類的房屋室內設施。至於機電部分，則爲是電燈、開關、插座、煙霧警報器、電鈴、電話線路、有線電視訊號等。

大型建商都會安排機電及土建人員帶著工具陪同檢驗。屋主也可自行準備相關檢驗用工具，例如：檢查地面、牆壁、磁磚用的塑膠槌、檢查水平用的水平儀等。也可帶著手電筒、乒乓球（檢查地面與桌面水平）、相機等器材。檢驗當下寧可挑剔龜毛，也不要因爲一時放鬆或疏忽，演變成日後棘手麻煩的問題。

大型建商都會安排機電及土建人員帶著工具陪同檢驗。屋主也可自行準備相關檢驗用工具。

## Q193 要如何避免被偷工減料？

**A 了解建材、檢視合約是否提供詳實的建材。**

不管是找設計師或自己發包，對建材一定要有初步的認識與理解，建議實際體會建材的質感、厚度、計價方式，藉此監督是否使用正確或偷工減料。另外，同一項工程所使用的產品規格會影響到價格高低，這也是容易被偷工減料的部分，一定要仔細看清楚，爲了避免糾紛的發生，建議簽設計約時，以及在挑選建材時，雙方最好面對面將所需使用的建材一一解釋清楚，設計師可拿出樣本給屋主看，並一一註明各種建材運用何處，拍照存證，附在合約後方，即便未來可能非設計師施工，也提供詳實的建材資料，如此不怕施工者偷工減料。

**安心成家小叮嚀**

**即使是附贈也要檢查**

大部分新屋建商都會贈送抽油煙機、瓦斯爐等基本廚具。雖然是送的，其實也等於自己花錢買，因此所有櫃子都要打開關閉看看是否順暢沒有歪斜，抽油煙機是否運作順暢，瓦斯爐點火是否有正常，所有燈光照明是否正常。

## Q194 在新成屋的驗收點交該注意些什麼？

**A 住宅內部裡的所有細節。**

一般驗屋約有2～4個小時，建議驗屋時請工班主任陪同，發現需要修繕的部分即可馬上反應。進到屋內先將室內水槽的止水塞塞住，包含廚房流理檯、浴室洗手檯、浴缸等等，接著注滿水測試溢水口，並滴入紅藥水。滴完紅藥水後，在目前的水位高度貼上彩色膠帶，標記目前的水位位置，就能先去測量室內面積，以下列出驗收重點：

天地壁的驗收主要檢查方向在於是否有汙漬和龜裂。圖片提供＿南邑室內設計事務所

**1.確認面積：**以「當層建物平面圖」爲基準，比對現場格局和坪數。簡易丈量室內面積方法，可先量地磚，再用地磚的數大略估算和記載的坪數是否相當。

**2.天地壁：**主要檢查方向就是看平整度、汙漬和龜裂等3大項，通常在牆面和窗、門、插座等物品的接縫處最容易發現問題。磁磚四角和中心要用塑膠槌或硬幣敲敲看有無空心聲。

**3.機電：**確認插座和開關數量沒有問題，位置不對了再檢查總開關，是否裝有漏電斷路器，再將所有迴路切換到「ON」。接著，拿小夜燈測試每個插座是否都有通電。進入每個房間，也要試按開關，確認開關對應到正確的燈具上。

**4.測漏水：**測試所有房間的冷氣排水孔是否阻塞。趁浴室做給水測試之前，先檢查所有器具和管路是否有滲漏水現象，新成屋的滲漏水通常不會很明顯，因此要用手和紅藥水做檢測。流理檯的水管隱藏在下方的櫥櫃中，排水管和地排周圍要封住，記得打開來檢查漏水。

**5.給排水：**將所有水龍頭放水5～10分鐘，確認供水正常。給水測試完畢後，記得用蓮蓬頭把衛浴的地板全部沖濕，觀察浴廁地板排水是否通暢、洩水坡度有沒有問題。

**6.門窗：**檢視外觀及功能。門片鉸鍊的那一邊木皮或面材有沒有封邊。

不論是新成屋還是老屋，都應該檢視設備與防水。圖片提供 _ 日作空間設計

## Q195 因爲是新成屋所附設備、防水應都穩當，可以輕易帶過嗎？

**A 務必還是要確認清楚。**

點交驗屋是確認建商交給你的房子是否符合契約內容的最後一道關卡，驗屋時還是應謹慎仔細，將所有瑕疵一次解決。新成屋的滲漏水通常不會很明顯，因此要用手和紅藥水做檢測，流理檯的水管隱藏在下方櫥櫃中，排水管和地排周圍要封住，記得打開檢查漏水。另外建議將所有水龍頭放水5~10分鐘，確認供水正常，給水測試完畢後，也記得用蓮蓬頭把衛浴地板沖濕，觀察排水是否通暢、洩水坡度有無問題。除此之外，也要根據契約中的家電設備清單，核對設備的品牌、型號、數量是否相符，也可以實際操作看看有沒有問題，檢查是否有刮傷、鏽蝕問題。

## Q196 驗屋一次不過進入二驗時又該注意些什麼？

**A 要帶著前一次驗屋拍下紙膠帶標示缺失處的照片，以及手寫紀錄。**

因建商進行瑕疵修補時，會撕掉原本標示缺失處所黏貼的紙膠帶，因此要帶著上次驗屋拍下紙膠帶標示缺失處的照片以及手寫紀錄的紙張，兩相輔助有利二驗時確認。有時會有尚未裝設完成的設備，如廚房三機等，要在驗收表上清楚註明。

二次驗屋時發現有瑕疵，記得將所有缺失拍照，用有色膠帶標示清楚，並在缺失表上詳細記錄，要求建商限期改善。瑕疵修復前要暫緩交屋，並避免簽署建商提供的「遷入證明」，一旦簽下去就代表點交完成，銀行會撥款到建商戶頭中，到時候建商可能會不認帳。

## Q197 中古屋驗屋時沒漏水，過沒多久漏水怎辦？

**A 仔細驗屋，有問題一定要立刻提出，要求仲介或屋主回應或改善。**

通常買賣雙方簽契約時，一定會仔細約定房屋漏水時的責任歸屬。因此買中古屋時務必要注意契約上是否有特別加入漏水相關附帶條件。有些賣方知道屋內漏水，簽約時也特別強調、註明，售屋後不負責漏水等瑕疵問題，也就是「拋棄瑕疵擔保」，如果兩方契約成立，賣方也在契約上特別註明不負責漏水，買方事後才抱怨漏水問題，也不得要求賣方賠償。

不過如果賣方賣屋時故意隱瞞漏水問題，而買方可以舉證漏水問題早已存在，並非事後人爲因素才導致漏水的話，只要在交屋五年內發現漏水，都可以將漏水問題追究至前一任屋主身上，要求賠償或是修復到完好無缺的狀態。因此，還是要特別注意當初簽約的契約內容。

仔細驗屋，有問題一定要立刻提出，要求仲介或屋主回應或改善。千萬不要忘記，一定要隨時照相，留下屋內狀況的照片，以免日後發生糾紛，沒有證據。

管線完成後必須經過測水確認無滲漏問題，才可以進行封牆。圖片提供＿演拓空間設計

## Q198 安裝完管線一定要試水嗎？

**A 至少測試一小時確定沒有漏水才可以。**

水管配置完成之後，第一個動作就是要先測試水壓，檢查管線連接處是否有接好，特別是新舊水管的交接處，而且試水一定要有耐心，最短要一小時，如果有時間的話拉長到一天更好。測試期間也可以加壓器增加水壓，看水管、接頭處能否承受壓力；試水第二天即可檢視水壓計數值是否下降，一旦下降就表示管線有縫隙、一定有漏水，進而進行補強動作。

浴室防水層建議應提高至220公分，長期使用相對安全。圖片提供＿樂沐制作

## Q199 浴室的防水層究竟要做到多高？

**A 淋浴區防水層可做到220公分左右。**

以往比較常見的說法是，浴室防水層只要做到170～180公分左右即可，不過其實這樣的觀念是錯誤的，因爲淋浴的時候，水蒸氣會往上竄升，假如防水的高度不夠，久而久之上面的牆壁也有水氣殘留在裡面產生受潮的情況，因此還是建議應該將防水層高度延伸至220公分左右，當然若可以超過天花板是更好，另外，乾區是否要做足220公分可見仁見智，一般會建議超過水龍頭高度即可。

## Q200 冷媒管的距離究竟應該在多少之內才正確？

### A 維持在20公尺以內爲佳。

冷媒管不宜拉太長，以免冷媒塡充不足，影響使用效能。一般建議冷媒管線應該在20公尺以內才能保持冷媒效率，特別是室外機離室內機也要愈近愈好。若因爲要遷就室內裝潢美觀，冷氣管線必須繞過浴室、廚房等處，因爲這些地方有做天花設計、方便藏管線，導致有時讓管線過長或是轉太多彎，這些都是影響冷氣效率的原因。另外，冷媒管的選用也要注意，管壁厚可避免氧化、腐蝕，尤其位於溫泉區的房子更要留意。

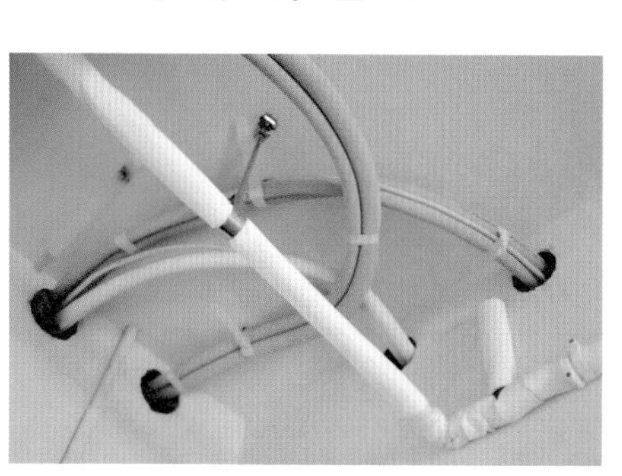

冷媒管應該維持在 20 公尺以內，保持冷媒效率。圖片提供 _ 演拓空間設計

冷媒管不宜拉太長，以免冷媒填充不足，影響使用效能。圖片提供 _ 日作空間設計

附錄：專家諮詢

## 特別感謝

大家房屋新店中央加盟店協理 莊宗翰 0983-278-718
和瀚室內裝修設計工程有限公司設計師 許漢強

—

## 設計公司資訊（以下依公司筆劃順序排列）

### 日作空間設計

https://www.rezo.com.tw/
桃園市中壢區龍岡路二段 409 號 1 樓
03-284-1606

—

### 和瀚室內裝修設計工程有限公司

http://www.hhid.tw/
台北市大安區仁愛路三段 26 號
02-2701-0116

—

### 南邑室內設計事務所

http://nanyi-design.com/
新竹縣竹北市隘口三街 22 號 4 樓
03-667-6285

—

### 演拓空間設計

https://www.interplay.com.tw/tc/index.aspx
台北市松山區八德路四段 72 巷 10 弄 2 號
02-2766-2589

—

### 樂沐制作

https://www.themoo.com.tw/
台北市大安區臥龍街 145-1 號 1 樓
02-2732-8665

—

### 橙居空間設計

http://change-interior.com/
桃園市中壢區莊敬路 829 巷 30 號 10 樓
03-285-2210

SOLUTION 130

# 安心成家買屋裝修 200QA

## 教你預售、新屋、老屋看屋眉角，挑對好房裝潢更省錢

安心成家買屋裝修 200QA：教你預售、新屋、老屋看屋眉角，挑對好房裝潢更省錢
/ 漂亮家居編輯部作 . -- 初版 . -- 臺北市：城邦文化事業股份有限公司麥浩斯出版：英屬蓋曼群島商家庭傳媒股份有限公司城邦分公司發行 , 2021.07
面；　公分 . -- (Solution ; 130)
ISBN 978-986-408-677-1( 平裝 )

1. 不動產業 2. 施工管理 3. 室內設計 4. 問題集
554.89　　110006118

作　　者｜漂亮家居編輯部
責任編輯｜陳顗如
採訪編輯｜王馨翎、陳淑萍、劉繼珩
插　　畫｜黃雅方、陳乃綸
封面、版型設計｜莊佳芳
美術設計｜賴維明
編輯助理｜黃以琳
活動企劃｜嚴惠璘

發 行 人｜何飛鵬
總 經 理｜李淑霞
社　　長｜林孟葦
總 編 輯｜張麗寶
副總編輯｜楊宜倩
叢書主編｜許嘉芬

出　　版｜城邦文化事業股份有限公司麥浩斯出版
地　　址｜104 台北市中山區民生東路二段 141 號 8 樓
電　　話｜02-2500-7578
E mail　｜cs@myhomelife.com.tw
發　　行｜英屬蓋曼群島商家庭傳媒股份有限公司城邦分公司
地　　址｜104 台北市中山區民生東路二段 141 號 2 樓
讀者服務專線｜0800-020-299
讀者服務傳真｜02-2517-0999
E mail　｜service@cite.com.tw
劃撥帳號｜1983-3516
劃撥戶名｜英屬蓋曼群島商家庭傳媒股份有限公司城邦分公司
香港發行｜城邦（香港）出版集團有限公司
地　　址｜香港灣仔駱克道 193 號東超商業中心 1 樓
電　　話｜852-2508-6231
傳　　真｜852-2578-9337
馬新發行｜城邦（馬新）出版集團 Cite(M) Sdn.Bhd.
地　　址｜41, Jalan Radin Anum, Bandar Baru Sri Petaling,57000 Kuala Lumpur, Malaysia
電　　話｜603-9056-3833
傳　　真｜603-9057-6622
總 經 銷｜聯合發行股份有限公司
電　　話｜02-2917-8022
傳　　真｜02-2915-6275
製版印刷｜凱林彩印股份有限公司
版　　次｜2021 年 7 月初版一刷
定　　價｜新台幣 399 元

**Printed in Taiwan**